特別支援教育サポートBOOKS

通級指導教室
発達障害のある子を伸ばす!
指導アイデア

一人一人の感覚の
バランスに着目した
トレーニング

夏目 徹也 著

明治図書

はじめに

　通級指導教室が全国で驚異的に増えています。その数だけ指導者も必要です。しかし，初めて通級指導教室を担当することになった先生方は，教科書はない，指導書もない，周りに教えてくれる人もいない。指導形態も指導人数も地区によって違う。どうしたらいいのかと，戸惑うことが多いのではないでしょうか。私もその一人でした。

　私は，静岡県で28年間通常の学級，特別支援学校，特別支援学級で勤務した後，通級指導教室の担当となり5年目です。

　これらの経験から自閉症，ADHD，学習障害など発達障害のある子どもたちと関わり，いろいろなことがわかってきました。その中で強く感じることは，同じ障害名であっても苦手なことが違うことや，聞く力，見る力，体幹など何かしらの感覚のバランスの悪さがあるということです。だから，障害名ではなく，一人一人の感覚のバランスの安定を図ることで，子どもたちが学校や家庭で楽しく生活できるようになると思います。

　この本は，身近にある物や教材・教具を使って，子どもの感覚などを伸ばす指導方法をまとめたものです。まだまだいろいろな方法もありますが，とりあえずやってみてください。きっと子どもたちが変わると思います。

　子どもが変わると親が変わります。子どもの周辺の人たちの気持ちが楽になります。

　私は，発達障害のある子どもたちが好きです。なぜか好きなんです。だから，学校や家庭でうまくできなくて，困っている子どもたちの応援をしたいのです。

　本書が指導にとまどわれる先生のお役に立てたら，うれしいです。

夏目　徹也

目次

はじめに ——————————————————— 3

1章　デキる「通級指導教室」担当になるための10の心得 — 7

1. プロフェッショナルだから，勉強しよう ………………… 8
2. 一人で頑張らない，連携しよう ……………………… 9
3. 不安を吹き飛ばすにこにこ笑顔で寄り添おう ………… 10
4. 子どもを見つめ，子どもから学ぼう …………………… 11
5. あちこち　きょろきょろしよう ………………………… 12
6. 柔らかい考えで，ピカッとアイデアをひらめかそう …… 12
7. 自分の味方・資源（リソース）を増やそう …………… 14
8. 教室の教材・教具はすっきり整理しよう ……………… 15
9. 縁の下の力持ちになろう ………………………………… 17
10. 「いい加減」でいよう …………………………………… 18

　コラム　五重の塔理論 ……………………………………… 20

2章　発達障害のある子を伸ばす！指導アイデア — 21

●身体機能を高める
1. グーチョキパーで　体幹しっかり ……………………… 22
2. ごろごろ　ふわふわ気持ちいい ………………………… 24
3. ぴったり20歩　見通す力 ………………………………… 26
4. 誰でも跳べる　魔法のなわとび ………………………… 28
5. ゆらゆらボール　きょろきょろ　つん ………………… 30

6	お話　ドッチビー ………………………………………	32
7	ぴょんぴょん　ジャンプ ………………………………	34
8	ビューっと気分もすっきり ……………………………	36
9	いすも　目も　ぐーるぐる ……………………………	38
10	がまん　がまん　ぶら下がり …………………………	40
11	皿に集中　回れ …………………………………………	42
12	じーっと集中　ポンポン　ピンポン …………………	44
13	触って　ニギニギ　落ち着く気持ち …………………	46
14	見えない！　触って　進め ……………………………	48

●学びを支援する

15	同じような形に　並べるだけ …………………………	50
16	ひらめき　柔軟性で　ぴったり ………………………	52
17	上下左右に動かして ……………………………………	54
18	見えない所に　ご用心 …………………………………	56
19	色輪ゴムで　ぴーん ……………………………………	58
20	目，耳，口，指で覚える　漢字 ………………………	60
21	パタパタ「ドミノ」で集中力 …………………………	62
22	聞いて　覚えて　3ヒント ……………………………	64
23	動かせ　同じ並び方 ……………………………………	66
24	いちごの色は　な〜に？ ………………………………	68
25	白黒つけよう　縦横斜め ………………………………	70
26	きょろきょろ　同じカードはどれかな？ ……………	72
27	そっと抜いて　そっと置く ……………………………	74
28	コツコツと積み上げることが大事 ……………………	76
29	指で　ぽんぽん　おもしろい …………………………	78
30	細かい所まで　見分けよう ……………………………	80
31	聞いて　覚えて　答えよう ……………………………	82

32　みる　きく　想像する …………………………………………… 84

●コミュニケーション力を高める
33　話せば　すっきり　お話タイム ………………………………… 86
34　あのね，わたしの話を聞いて …………………………………… 88
35　話そう　聞こう　考えよう ……………………………………… 90
36　みんなが気持ちよく生活するために …………………………… 92
37　こんなときどうする？ …………………………………………… 94
38　AだからB　BだからC　筋道を立てて ……………………… 96

コラム　**ことばが　いっぱい** …………………………………… 98

3章　発達障害のある子への指導事例 ── 99

1　友だちとのやりとりが苦手なAくん ………………………… 100
2　学校で暴れてしまうBくん …………………………………… 106
3　本を読まない？読めない？Cさん …………………………… 112
4　自己表現ができない　じっとしているDさん ……………… 118

コラム　**アンケート** ……………………………………………… 124

おわりに ──────────────────────── 127

1章
デキる「通級指導教室」担当になるための10の心得

　通級指導教室の担当になったら、やること、勉強することなどがいっぱいです。通常の学級とは違う世界にあなたをいざなってくれます。一味違う教師として充実感を味わえること、間違いなしです。
　通級指導教室の担当になったら、こんなことを考えてやってほしいなということを「10の心得」として書いてみました。すぐに全部できるわけではありません。一つずつ時間をかけてじっくり取り組んでください。

1. プロフェッショナルだから，勉強しよう

　通級指導教室を担当していると，たとえ新任でも，経験が浅くても校内外では「発達障害のプロ」「特別支援教育のプロ」と見られます。保護者もそう思うでしょう。

　だから，「わかりません」「知りません」とはなかなか言いにくいものです。なぜなら，あなたは，通級指導教室のプロフェッショナルなんですから。

　誰もが初めから指導が，うまくいくわけではありません。少しずつ考え，努力して失敗や成功を繰り返して指導力がついてくるものです。私の考えるプロフェッショナルは，子どものためにいつでも努力していくこと，失敗をしても，自分を向上させようと思い続けることです。プロフェッショナルとして，一日一日を大事に過ごしてほしいものです。

　私たち教師は，忙しいのが当たり前のようになっていますが，激務におわれて，教材研究や子どもの観察などを怠ったら命取りです。ごまかしはききません。子どもの表れですぐにわかります。

　通常の学級とは異なる少人数や個別での指導は，慣れるまでに少し時間がかかります。また，保護者の相談や支援方法を考えるなどの対応も毎日あるので，プロフェッショナルとしての力量が問われるでしょう。

　通級指導教室には，通常の学級のような教科書や指導書はありません。通級指導教室の指導内容や指導方法は，担当者の裁量に任せられるところが多くあります。そのため責任も大きいのです。自分で努力するしかないのです。

　勉強方法には，たくさんの方法があります。一番身近なものは，本を読むことです。私が勉強を始めた2000年ごろは，静岡市のような県庁がある都市の大きな書店でも，発達障害の本は数冊しか置いてありませんでした。だから，私は新宿の紀伊国屋書店まで新幹線で出かけ，大量の本を購入してきました。しかし，時代が変わり今ではインターネットで何百冊の本が次の日には手元に届く時代になりました。発達障害の考え方や指導方法はまだ十分に確立されていないので，いろいろな本があります。入門書，ハウツー的な本，

実践的な本などいろいろと読んでみることが大切です。また，障害児関係の雑誌などを定期購読すると役に立ちます（『LD，ADHD & ASD』（明治図書）はお薦めです）。

　今は手軽にインターネットで情報を得ることができますが，情報量が膨大であるので逆に調べにくかったり，内容が千差万別でどの情報を取り入れたらよいか迷ったりすることも多くあります。また，インターネットの情報が，本当に正しいかどうかの判断は難しいものがあります。知識と経験を積むと必要な情報を得るには便利ですが，経験の浅い方には，あまりお薦めできません。

　また，近くの通級指導教室の指導を見せてもらうこともよいでしょう。経験が少ないと「わからないことがわからない状態」になります。実際の指導場面を見学させてもらうことで，基本的な指導内容や指導方法がわかるし，微妙な空気感や子どもとのやりとりが大いに勉強になると思います。

2．一人で頑張らない，連携しよう

　子どもの力を伸ばすには，一人で頑張ったってできるものではありません。子どもの周りにいる人の影響が大きいからです。

　まずは「保護者」です。子どもと小さい時からずっといっしょに生活をしています。子どもの良い所，改善したい所などの表れだけでなく，本当に大変なことをいっしょに乗り越えて，今通級指導教室に通うようになったのです。そんな保護者の心中を考えたら「いっしょに頑張ろう」という気持ちになります。いっしょに勉強をしていれば，表面的な困り感はわかるようになりますが，どのような過程でこのような表れになったのか，以前大変だったことは，どのようにして改善されたのかなど，子どものことを一番知っているのが保護者です。ですから，保護者と気軽に話ができるような関係を作ると，子どもの指導に生きます。保護者と通級指導教室担当が楽しそうに話をしていれば，子どもだってきっと楽しく通うようになることで，子どもの意

欲が高まります。この頃はお母さんだけでなく，お父さん，おばあさん，おじいさんも通級指導教室に足を運んでくださることが増えました。うれしいことです。直接顔が見える関係を作ることで，家庭内の協力体制も作りやすくなります。

　次は「在籍学級担任」です。学校では，ほとんどの時間を学級内で過ごします。その学級・学校の中で困り感があるのですから，通級指導教室で学んだことを，学校生活の中で生かすことができなければなりません。そのためには，在籍学級担任の声かけや見届けなどが必ず必要となります。直接話ができるといいのですが，なかなか会って話をすることはできません。ですから，電話で話をするとか，学習カードを通して連絡をするとか，その教室の実態に合った連携の仕方があるはずです。通級指導教室の指導内容や表れを話したり，学級での様子を聞いたりする機会を多くとると，連携がスムーズになります。知らない先生だと，初めは話しずらいこともありますが，だんだんフランクに話ができるようになります。そんな時は，子どもの様子の変化が表れた時だと思ってください。

　その他にも子どもの学校の特別支援教育コーディネーターや支援員などにもどんどん話しかけて，仲良くなるといろいろな情報を得ることができます。私は，在籍学校の校長や教頭などとも仲良くしています。

　みんな「子どもの力がよりよく伸びてほしい」という共通の願いがあるから大丈夫です。

3. 不安を吹き飛ばすにこにこ笑顔で寄り添おう

　通級指導教室に通うということは，親子とも不安と期待でいっぱいです。そんな複雑な気持ちをすっきりとさせてくれるのが，通級指導教室担任の「笑顔」です。「いっしょに勉強して，困っていることを少しずつよくしていきましょう」と穏やかな笑顔で話をすることができたなら，親子とも安心するし，通級指導教室の学習に意欲的に取り組むことができると思います（大

げさに明るく元気に振る舞う必要はないし，あまりやりすぎると圧倒されて，逆に不安が増大することもあるので無理をしなくて大丈夫です）。

　そして保護者と困り感の話をする時には，気持ちに寄り添ってあげましょう。通常の学級に通っている保護者同士の話では，なかなか理解してもらうことができません。「男の子は落ち着きがないものよ。は，は，は」などと，見えずらい症状だけに悩みを深刻にとらえてもらえなかったり，話がうまくかみあわず，話す気力さえなくなってしまったりする保護者もいます。発達障害のことを理解している通級指導教室担任なら「そうですか，つらいですね」など，保護者の気持ちに寄り添えることができます。よい支援方法を伝えることより，気持ちをわかってもらえたほうが保護者はずっと気持ちが楽になると思います。

　そして保護者を肯定的に後押しをしてあげることができたら，前向きな気持ちで生活ができるようになるでしょう。

4．子どもを見つめ，子どもから学ぼう

　通級指導教室では，いろいろな教材・教具を準備し，力を伸ばそうとしますが，すぐに結果は出ないし，本当に子どもに適した教材・教具だったのかわかりません。どんな教材・教具がよかったのかは，子どもの様子をしっかりと観察すれば，子どもが教えてくれます。子どもが目を輝かせ集中して取り組むことができたり，子ども自身が自分の力が伸びたことを実感できたりするので，うれしそうな顔をします。それが「子どもに合った教材・教具」なのです。

　子どもを指導するのが教師の仕事ですが，いつも心の中では「子どもから学ぶ」姿勢，気持ちが必要です。教師の態度，雰囲気にはとても敏感な子どもが多いので，教師が自分の気持ちをコントロールして「教える姿勢」を醸し出せれば，子どもはいっしょうけんめいに頑張ってくれます。

5.あちこち　きょろきょろしよう

　指導に使う教材・教具は多く市販されていますから，それを実態に合わせて使うことができます。しかし，市販の物はけっこう高いので，購入する場合は，よく吟味する必要があります。同じような物であっても会社によって値段に幅があります。

　市販の教材・教具では，実態に合わなくても少し細工・工夫をすれば，十分に使える物になることも多いです。

　どうしても自分が考えた教材・教具が見つからない場合や，ほんの少しの工夫でできる教材・教具は，手作りの物を作ります。100円ショップをのぞくと多種多様なグッズが所狭しと陳列されています。そのまますぐに使えるものや切ったり貼ったり，色を塗ったりと思いのままです。100円ですから，気軽に試作品を作ることもできて，とても便利です。

　100円ショップや文房具店，ホームセンター，雑貨店など時間がある時はあちこちきょろきょろと見て回っていると，教材・教具を作る時に思い出して購入しやすくなります。私は，このような店で1時間ぐらい見て回ることがよくあります。また，旅行に出かけた時に，お土産屋でおもしろい物を見つけることがあります。こうなると職業病のようになってしまいますが，やってみるとなかなか楽しいものです。

　また障害のある子の指導書ではなくても，一般書・雑誌などにもおもしろいグッズが掲載されていることもあります。このように，自分のアンテナを高く伸ばしていると，意外なところで教材・教具になりそうな物を見つけることができます。感性を十分に生かしてください。

6.柔らかい考えで，ピカッとアイデアをひらめかそう

　教材会社のカタログを見ると，何百種類の教材・教具が載っていますが，まずは，目の前の子どもの実態を見ることが大事です。何に困っているのか

をより具体的に情報を得ることです。そのためには，検査結果を見たり，学校や家庭での様子を聞いたりすることです。おおよその実態がわかったら，その原因となる苦手さを支援することです。すぐに見つかるものもあれば，ちょうどよい教材・教具がなかなか見つからないこともよくあります。

　困った時が大事です。考え方を柔軟にすることです。ある教材・教具や一般的な道具であっても普通に使えば適していないと思われる物でも，考え方を柔軟にすると意外と使える物だったりします。

　例えば，私は100円ショップで売っている栽培用の支柱についてこんなふうに考えました。支柱は，普通に使えば「野菜や花が倒れないように支える棒」です。でも柔軟に考えれば，使い道は多様です。「手のひらに立てて，バランス感覚や集中力の向上」「2人でひっぱったり回したりすることで，握力，持久力，コミュニケーション力の向上」「子どもの目の前で動かすと眼球移動」「棒を上からゆっくり振り落としキャッチさせれば，空間認知力，目と手の協応性」など，支柱をそのまま使ってもこのぐらいの教具に変化します。この支柱にひもをつけ，先にピンポン玉をつけてゆらせば「眼球移動，注意集中力，空間認知」の感覚の向上になります。2本でバンジージャンプのように跳ばせれば，「リズム感，瞬発力，固有感覚，前庭感覚など」の向上になります。まだまだ，アイデアはたくさんわいてきます。

　100円ショップの3本100円の支柱で，こんなに子どもの力を伸ばすことができます。他にもおもしろそうな物はたくさんあります。

　考え方が硬いと教材・教具の使い方が限られてしまうので，もったいない。もっともっと考え方を柔らかくすると，ピカッとおもしいアイデアが浮かぶものです。教材を考える時には，「こんなふうにやったらおもしろいかな，こんなふうにつかってもいいなあ」と心でつぶやくと，楽しくなります。

手の平にのせてバランス感覚

支柱の先を触る空間認知

動いている支柱を受け止める眼球運動

二本の支柱でボールを持ち上げて移動する協応性，力加減

7. 自分の味方・資源（リソース）を増やそう

　「資源（リソース）」と聞くと，何だろうと思う人が多いと思います。資源という言葉を広く解釈すると「人との関わり」「物」「環境」など多くのことが含まれます。自分自身の周りには，多くの資源があるのです。

　まず「人との関わり」です。「障害」「カウンセリング」「リハビリ」に詳

しい先生や医療関係者，福祉関係者と知り合いになると心強いです。基本的なことから指導方法まで聞くことができます。専門書をたくさん持っているようなものです。研修会や会議などで見かけたら，自分から積極的に話しかけてみましょう。意外とフランクに話ができる関係になることも多いです。このような関係者の多くは，通級指導教室担任と連携をとりたい，協力したいと思っています。

　次は「物」です。前の担任から通級指導教室を引き継いだら，まずどのような教材・教具があるのかを確認しましょう。高額な教材・教具，手頃な教材・教具，手作り教材・教具などたくさんあると思います。見ればすぐに使い方のわかる物もあれば，これは何だろうと考えてしまう物もあるでしょう。まずは自分で使ってみることです。

　もう一つは，「環境」です。子どもが学習をする時にどのような風景が見えるのでしょうか。子どもの席に座ってみる，体を動かしてみると余分な物が見えてきますから整理しましょう。また，保護者が待っている場所も考えましょう。落ち着ける雰囲気を作り，そこに障害の本や雑誌などを置くと，保護者の待ち時間がいっしょに勉強する時間になります。

8. 教室の教材・教具はすっきり整理しよう

　環境について，さらに詳しく説明しましょう。

　教材・教具を自分のわかりやすいように整理し直すことです。どのような基準で整理するかは，自分で決めればいいのです。「認知感覚別」「市販と手作り別」「収納場所の大きさ」など，教室の環境によっても違います。収納した場所は，カーテンや箱などで見えないようにすると，子どもが気が散らなくていいでしょう。ただし，隠したからといって，整理整頓をしていないと，指導で使う時に困ります。使ったら元の場所に戻すことが整理整頓の基本です。そうすれば，いつでも教材・教具が使いやすくなります。しかし，大きな教材・教具は難しいこともあります。そんな時は無理に隠さなくても

大丈夫です。初めの頃は子どもが気にすることもありますが，数回指導をするうちに環境の一部として溶け込み，子どもは気にしなくなります。

　また，プリントやワークシート類の整理整頓には，ポケットクリアファイルが便利です。プリントやファイルはすべてＡ４版に統一します（Ｂ５は拡大，Ｂ４は縮小する）。そして，プリントやワークシートは，段階順や難度順などに入れておきます。それぞれ５枚程度印刷しておくと，指導の時すぐに取り出しやすくなります。また，事前にパンチで穴をあけておくと，指導後すぐにファイルなどに綴じられます。

　この方法で整理しておくと，子どもがその時間にやったプリントやワークシートに名前の書いた付箋を貼っておけるので，次の指導の時に役立ちます。

Ａ４に統一すれば，棚などに整理しやすい

小さな物は，かごに入れるとわかりやすい

パズル類は縦置きにすると取り出しやすい

9. 縁の下の力持ちになろう

　通級指導教室に通う子どもたちは，学級や家庭で困り，巡回相談や相談機関・医療機関などを通じて通級指導教室に通っています。通級指導教室の役目は，子どもの内面の基礎的な感覚や能力を伸ばすことです。それを学級や家庭で発揮できるようになることが一番です。しかし，実際の学校や家庭でできるようになるには，在籍学級担任や保護者がその子の障害を理解し，協力して支援することが必要です。

　通級指導教室の中だけでできても，子どもの生活の中で生かされないと本当の力とは言えません。

　ですから，通級指導教室で子どもの感覚や能力を伸ばし，在籍学級担任や

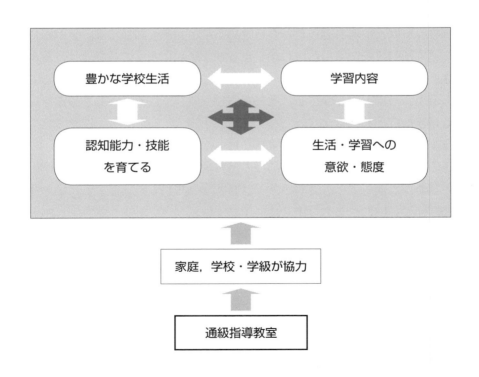

保護者に生活の中で支援をしてもらいます。うまくできるようになったことは，いっしょに喜びますが，うまくできなかった時には，もう一度指導を繰り返したり，指導内容を変更しながら調整していきます。そして，再び在籍学級担任や保護者に支援をしてもらいます。生活の中で子どもが自信を持って生活できるようになれば，在籍学級担任や保護者がその場でいっしょに喜ぶことが，子どもの自己肯定感につながります。

つまり，通級指導教室の仕事は，子どもの生活には直接関わることができない『縁の下の力持ち』と考えましょう。そんな存在を楽しみましょう。

10.「いい加減」でいよう

通級指導教室を担任し，不安がいっぱいやる気いっぱい。やらなければ頑張らなければと，あれもこれもやり始めることが多くあります。子どもたちのために頑張りたい気持ちはわかりますが，頑張り過ぎは禁物です。基本的には長期戦です。少しずつ子どもを理解し，教材・教具を少しずつ試してみましょう。うまく力が伸びることもあるし，難しすぎて子どもが意欲をなくしてしまうこともあります。

「まあ，いいか」（いい加減な気持ち）

このぐらいの気持ちを心のどこかで持ち続けましょう。通級指導教室担任がガンガンと前へ前へと進むと，子どもは圧倒されて萎縮してしまい，伸びる力が伸びないこともあります。

発達障害の支援方法，教材・教具の進歩はめざましいものがあります。それについていくには，かなりの労力，資金などが必要です。全部頑張ってやろうとすると，体を壊してしまいかねません。適当に休み休みやるくらいで十分です。

また，担任自身が趣味をしっかりと持っていると強いです。体が疲れた時は，寝たり休息をとったりすれば回復しますが，心の疲れは体を休めても回復しません。それより，自分の好きなことに没頭することが心の癒しになっ

てくれます。心の疲れを回復させることができるものをしっかりと見つければ,指導の場で余裕を持って子どもに向き合うことができると思います。

コラム

五重の塔理論

　一つの教材・教具で多くの感覚や機能の向上を図ることができます。また，教材・教具での子どもの習得段階で身に付く力も変化してきます。

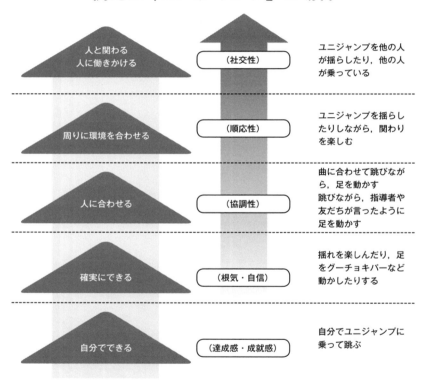

例えば「ユニジャンプ」の場合

人と関わる／人に働きかける	（社交性）	ユニジャンプを他の人が揺らしたり，他の人が乗っている
周りに環境を合わせる	（順応性）	ユニジャンプを揺らしたりしながら，関わりを楽しむ
人に合わせる	（協調性）	曲に合わせて跳びながら，足を動かす／跳びながら，指導者や友だちが言ったように足を動かす
確実にできる	（根気・自信）	揺れを楽しんだり，足をグーチョキパーなど動かしたりする
自分でできる	（達成感・成就感）	自分でユニジャンプに乗って跳ぶ

　「五重の塔理論」は，他の教材・教具にも適応できることです。
　「教材・教具」の指導は，使い方によっていろいろな認知感覚や機能を育てる（横）と教材・教具の習得度が高まることによって身に付く認知感覚や機能（縦）が考えられます。

2章
発達障害のある子を伸ばす！指導アイデア

　通級指導教室には，「教科書」「指導書」「決められた教材・教具」はありません。
　子どもの様子を見て，自分で考えて指導をします。でも，どんな教材・教具があるのかわからないこともありますね。そんな時に，本章を参考していただけたら幸いです。
　1つの教材・教具で多くの感覚や機能を高めることができます。おもしろいですよ。
　先生の考えや子どもの様子に合わせて，アレンジしてみてください。

身体機能を高める

1 グーチョキパーで体幹しっかり

指導時間　5〜10分程度

指導のねらい

- 跳びながら足をいろいろと動かすことで，バランス感覚をつけ，体幹を鍛える。
- 音楽に合わせて跳ぶことで，人に合わせたり他からの刺激に対する調整力をつけたりする。
- ジャンプをしながら，投げられた物を捕ることで，眼球の移動や空間認知の力をつける。

指導方法

❶自分のリズムで自由に跳び，その揺れを楽しむ。
❷跳びながら足を「グーパー，グーパー」と動かす。
❸跳びながら足を「グーチョキ，グーチョキ」と動かす。
（チョキの足を片方から左右交互に段階的にする）
❹跳びながら足を「チョキパー，チョキパー」と動かす。
（チョキの足を片方から左右交互に段階的にする）
❺跳びながら足を「チョキチョキ，チョキチョキ」と動かす。
（足を左右交互に動かす）
❻跳びながら足を「グーチョキパー，グーチョキパー」と動かす。
（チョキの足を片方から左右交互に段階的にする）
❼指導者の指示で足を動かしながら跳び続ける。

❽音楽やメトロノームのリズムに合わせ，足を動かしながら跳び続ける。
❾ジャンプしながら，指導者が投げるボールなどを捕る。
❿指導者が周りから揺らし，子どもは落ちないようにバランスをとる。

留意点・その他

- 基本的な身体感覚運動の一つである。
- 運動能力が高い子どもでも，他からの刺激に対応できないこともある。
- 毎回少しずつ行うことで効果がある。
- できない子どもに無理をさせると，恐怖心と嫌悪感がでるので，楽しく活動するように心がける。
- 気分が高揚している子どもは発散し落ち着くし，気分が乗らない子どもは気持ちが高まるので双方に効果がある。
- 参考コラム「五重の塔理論」（P20）

用いた教材・教具

「ユニジャンプ」
(株) 学研　84,000円ぐらい

身体機能を高める

2 ごろごろ ふわふわ気持ちいい

指導時間 5〜10分程度

指導のねらい

- バランスボール（直径65〜75cm）の上で体のバランスをとったり，力を抜いたりすることで気持ちの安定を図る。
- バランスボールの上に乗ったまま体を動かすことで，バランス感覚を養う。

指導方法

❶子どもをボールに抱きつかせる。足をついたままで前後左右にゆっくり動かす。
❷そのままの姿勢で指導者がボールを回して，子どもがボールの上に乗るようにする。そして子どもの背中を支えながら，ゆっくりと前後左右に動かす。
❸ボールの揺れに慣れてきたら，大きく動かしたり，速く動かしたりしながら変化を与える。
❹子どもをボールに抱きつかせたまま，指導者は子どもの足を持って前後左右に子どもの体を動かす。
❺子どもをボールに抱きつかせたまま，指導者はボールをはずませる。
❻子どもをボールの上に座らせて，前後左右に動かす。指導者は子どもの手を持ってあげる。
❼子どもが一人でボールの上に座ってバランスをとる。

留意点・その他

- ボールを怖がる子どもがいるので,様子を見ながらボールを動かすようにする。
- ボールに抱きついている時は,子どもはとてもリラックスしているので,話をしながら行うと効果的である。話の内容については,批判しないで最後まで聞く。
- 感覚運動ボールの材質は,ゴムやウレタンなどいろいろあるので,気持ちよい物を選ぶ。また,空気を入れ過ぎるとボールが動きやすくなり,危険なので,少し空気不足ぐらいがよい。
- 毎回少しずつ行うことで効果がある。
- 落ち着きのない子どもは,中型のボール(35~45cm)に座って学習すると,落ち着くこともある。

用いた教材・教具

「感覚ボール」
(株)学研　6,825円ぐらい

身体機能を高める

3 ぴったり20歩 見通す力

指導時間 5〜10分程度

指導のねらい

- 5mくらいのゴムホースの上を20歩で歩くことで，自分の歩きを推測し，見通しを持つ。
- 足を交互に動かしながら歩くことで，バランス感覚を養う。
- 足を交互に動かしたり，両足で跳んだりすることで，自分の体の動きを知る。

指導方法

❶ホースの両端を赤と青テープで巻く。
❷赤から青まで，ホースを踏みながら20歩で歩く。
（足が床についてもよい。自分で数えさせる）
❸できなかったら，いっしょに数を数えてできるようにする。
❹ホースの上を後ろ向きで歩く。
❺ホースを踏まないで，足を交差させながら，20歩で歩く。
❻できなかったらいっしょに数えたり，体が不安定になったら手を添えて支えてあげたりする。
❼ホースを踏まないで，足を後ろ交互に動かして歩く。
❽体が不安定になったら手を添えて支えたり，足の動かし方がわからない時は，子どもの足を指導者が手で支えて教える。
❾ホースをまたぐようにして，左右を両足でぴょんぴょんしながら20歩で

前進する。
❿ホースの左右を両足でぴょんぴょんしながら後ろにいく。

留意点・その他

- 毎回少しずつ段階をあげていく。
- うまくできない時は、指導者が支援してできた達成感を持たせて終わるようにする。
- 最初と最後は、ホースをひっぱりっこをして笑顔にする。
- ゴムホースは踏んだ感触があるが、つぶれるので体が安定する（紙テープやビニールテープは、踏んだ感触が弱い。木やプラスティックの棒は、身体が不安定になる）。
- 前向きで進む時は数えさせるが、後ろに進む時は転倒しやすいので数えないで動きに集中させる。
- ゴムホースは、大きく丸めて壁にかければ保管しやすい。

用いた 教材・教具

「ゴムホース」
ホームセンターなど（5mぐらい）
（1m当たり150円ぐらい）

身体機能を高める

4 | 誰でも跳べる魔法のなわとび

指導時間 5～10分程度

指導のねらい

- 段階的な練習をすることで,なわとびが跳べるようになり,自信を持つ。
- ラップの芯などの教材・教具で跳ぶ練習をすることで,瞬発力や持久力が高まる。
- フラフープやなわを跳ぶことで,物と自分の位置関係である空間認知の力が向上する。

指導方法

❶滑り止めマットの上で両足ジャンプを100回続けて行う。
　（前を向いて,マットから出ないようにする）
❷芯の先端に赤と青のテープを巻いたラップの芯を両手に持ち,両手で回しながらリズムよく両足ジャンプをする。
　（「右」「左」ではなく,「赤」「青」と言ったほうが,子どもには瞬時にわかりやすい）
❸切れたフラフープの端にテープを貼り,その部分を持って,フラフープを両足ジャンプで跳んでなわとびのように跳ぶ。
　（テープは持つ場所がわかるように。ゆっくり跳べばよい）
❹なわとびを半分に切り,持ち手にラップの芯をつける。そのラップの芯の部分を持って,両足ジャンプでリズムよく跳ぶ。
　（左右が同じタイミングになるように声をかける）

❺持ち手が長いなわとびで跳ぶ。
❻前跳びをリズムよく100回跳ぶ。
❼後ろ跳びも❷～❺を後ろ回しにして練習する。
❽後ろ跳びをリズムよく100回跳ぶ。

留意点・その他

- 毎回少しずつ段階をあげていく。
- 少しでもうまくできた所を見つけてほめていく。
- うまくできない子どもほど，安いなわとびを使っていることが多い。やはり1,000円ぐらいのスポーツ店で販売している物は跳びやすい。
- なわとびは小学校低学年からの大きな課題であるから，通常の学級の子どもにも指導を行う。
- グッズを1つに収納するケースで保管すると，使用しやすい。

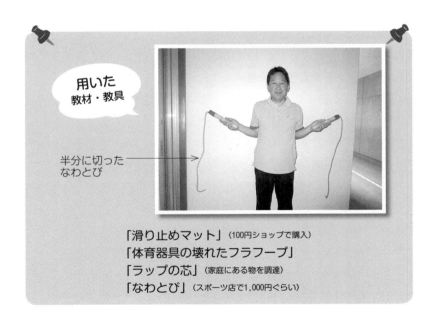

用いた教材・教具

半分に切ったなわとび

「滑り止めマット」（100円ショップで購入）
「体育器具の壊れたフラフープ」
「ラップの芯」（家庭にある物を調達）
「なわとび」（スポーツ店で1,000円ぐらい）

身体機能を高める

5 | ゆらゆらボール きょろきょろ　つん

指導時間 5〜10分程度

指導のねらい

- 動くピンポン球を目で追うことで，眼球移動をスムーズにする。
- 動くピンポン球を指で突くことで，空間認知の力が向上する。
- 動くピンポン球を見続けることで，注意集中力が向上する。

指導方法

❶まるくくり抜いたダンボールを顔につけて，指導者と向き合う。
（顔を動かさないで，目だけをきょろきょろさせることを伝える）

❷指導者は，支柱ににぶら下げたピンポン玉をゆっくりと左右にゆらす。だんだん振り幅を大きくする。

❸ 指導者は，支柱ににぶら下げたピンポン玉をゆっくりと前後や回しながらゆらす。だんだん振り幅を大きくする。

❹子どもに右手の人差し指だけ伸ばさせ，左右にゆれているピンポン玉をタイミングよく突かせる。だんだん振り幅を大きくする。

❺子どもに右手の人差し指だけ伸ばさせ，回転しているピンポン玉をタイミングよく突かせる。だんだん振り幅を大きくする。

❻子どもに左手の人差し指だけ伸ばさせ，❷〜❺を行う。

❼子どもに右手の人差し指だけ伸ばさせ，左右にゆれているピンポン玉をタイミングよく突かせるが，突く位置は正中線（人間の中心，額から鼻にかけての直線）の反対側にする。つまり右指で左の肩ぐらいの所にき

たら突くようにする。だんだん振り幅を大きくする。

❽❼のことを左指でも同様に行う。

留意点・その他

- 毎回少しずつ段階をあげていく。
- 指だけでなく，足で蹴るや棒を持って突くなどバリエーションを広げる。
- うまくできない子どもには，止まっているピンポン玉から少しずつ振り幅を大きくするとよい。
- ピンポン玉の代わりにキャラクターなどをひもにぶら下げて行っても楽しい。
- 収納する時は，ひもを支柱に巻き付けておくとからまない。

用いた 教材・教具

「栽培用支柱とピンポン玉」
「段ボール」「たこ糸」
(すべて100円ショップ)

身体機能を高める

6 お話　ドッチビー

指導時間　5～10分程度

指導のねらい

- ドッチビーを投げるタイミングで会話をすることで，話がしやすくなる。
- ドッチビーを投げることで，体の動かし方やタイミングを覚える。
- 飛んできたドッチビーを受け取ることで，空間認知の力が向上する。

指導方法

❶短い距離でドッチビーを投げ合う。

❷投げ方がうまくなってきたら，だんだん距離を延ばす。

❸ペットボトルのような物を置き，そこに向かって投げて倒すゲームをする。

❹話をしながら，楽しく投げ合う。

❺指導者が質問を言ってから投げて，子どもが受け取る。子どもが答えてから投げて，指導者が受け取る。初めはすぐに答えられるような質問をする（例：「朝ごはんは何を食べたの？」など）。

❻子どもが質問を言ってから投げて，指導者が受け取る。指導者が答えてから投げて，子どもが受け取る。初めはすぐに答えられるような質問をする。

留意点・その他

- 低学年の子どもは，うまく投げることができないこともあるので，後ろからかかえるようにして腕と手の動かし方を教える。
- ドッチビーの投げ合いは，相手が受け取ることができるようにすることが大切であることを知らせてから行う。
- 子どもの調子がよくない時など，椅子に座って話をするよりも，ドッチビーのような媒体を使うと子どもは話しやすくなる。
- ドッチビーには，大きさがいろいろあるので，数種類あると子どもの年齢や能力によって変えられる。
- 栽培用の支柱を使って，皿回しのようにして遊ぶこともできる。
- 投げる時に手首を回して回転を強くかけると，ドッチビーがカーブしておもしろい。しかし，方向が定まらなくて取りにくいので，注意したい。
- ドッチボールは当たると痛いので抵抗がある子どもがいるが，ドッチビーは当たっても痛くないことを，初めに当てて教えると恐怖心が軽減する。

用いた教材・教具

「ドッチビー」
(株)教文　270サイズ　1,575円ぐらい
　　　　　235サイズ　1,260円ぐらい

身体機能を高める

7 ぴょんぴょん ジャンプ

指導時間 5～10分程度

指導のねらい

- ボードの上を跳び移ることで，瞬発力，バランス感覚を養う。
- どの順番で跳ぶかを考えて，それに適した力加減をすることで，想像力が身に付く。
- 足の裏の感覚が刺激される。

指導方法

❶感覚ボードをばらばらに置いて，その上を落ちないように移動する。
❷大きさの違いや表面がつるつるだったり凸凹だったりすることを楽しめるように，いろいろな種類のボードを置く。
❸少しずつ感覚ボードの距離を離したり，左右に移動しながら進むコースを作ったりする。
❹両手両足を使って四つ這いで進むようにする（写真参照）。
❺「けん・けん・ぱー」などができるように配置し，リズムよく跳ぶ。

留意点・その他

- 無理をしないで，近い所から始める。
- ボードの下には，ゴムの滑り止めが着いているが，無理をすると滑ることもある。

- 上靴を履いたほうが足の踏ん張りがきく。しかし，感覚ボードの種類によっては，上靴を脱いだ方が足の裏に刺激があっておもしろい。
- 毎回少しずつ行うことで効果がある。

用いた
教材・教具

「バランスボード」
(株) 学研　16,590円ぐらい

身体機能を高める

8 ビューっと気分もすっきり

指導時間 🕐
5～10分程度

指導のねらい

- 台車の上に乗り自分で滑ることで，体のバランス感覚や手足の動かし方がわかる。
- 台車の上に乗り指導者に引っ張ってもらうことで，台車の動きに自分の体を合わせることができる。

指導方法

❶台車の上に子どもが乗り，指導者がゆっくり前後左右に動かす。
❷台車の上に子どもが乗り，台車に付けたひもを指導者引っ張りながら歩いたり，回したりする。慣れてきたら，左右に揺さぶったりスピードを上げたりする。
❸台車の上に子どもが乗り，床を手でこぎながら前に進む。だんだん速く移動できるようにする。
❹❸の要領で後ろに動かす。だんだん速く移動できるようにする。
❺❸❹の要領で左右斜めを加えながら，自由に動かし楽しむ。
❻坂道を用意できるなら，坂を滑り下りて加速を楽しむ。
❼途中にいすやコーンなどを置いて，左右の動きや移動式のホワイトボードの下をくぐり抜けるコースを作って楽しむ。
❽コースや目標物を決めて，競走をする。

> 留意点・その他

- 身体バランスや運動能力の低い子どもは，動くことを怖がることもあるので，ゆっくりと動かすようにする。また，そのような子どもこそ，このような教材で感覚を矯正させたい。
- 指導者がひもをつけて引っ張る時，子どもは板を持っていてもひもを持っていてもよいが，左右や回転する時に手を挟まないように気を配る。
- 自分の手でこぎながら動かす時も手を輪にはさまないように気をつける。
- 「スケートボード」のような教具は教材店などで市販されているが，車輪が小さいと動きがあまりよくなく，小学生ぐらいの体になると自分で動かしにくくなる。ホームセンターで売っている台車のほうが車輪が大きく，重い物を乗せるように作られているので，丈夫である。

用いた教材・教具

「台車」（板に車輪がついたもの）
ホームセンターなど　1,980円ぐらいから

身体機能を高める

9 | いすも 目も ぐーるぐる

指導時間 5〜10分程度

指導のねらい

- 子どもがいすに座り，いすを回転させることで眼球を動かす。
- 回転しているいすに座りながら，ダーツを的に向かって投げることで，眼球を意識して動かすようになる。
- 回転するいすから落ちないようにすることで，バランス感覚や体幹を強化する。

指導方法

❶いすに座ったままでダーツを楽しむ。
❷子どもがいすに座って，指導者がそのいすを押したり，引いたりする。
❸子どもがいすに座って，指導者がいすをゆっくり回転させる。
　慣れてきたら少しずつ速く回す。反対方向にも同じように回す。
❹子どもが乗っているいすをゆっくりと回転させて，子どもは的に向かってダーツを投げる。ほとんどのダーツが的に当たるようになるまで行う。そうしたら，だんだん回転のスピードを上げる。反対方向にも回転させながら同じように行う。
❺いすの位置を離したり斜めにしたりして同じように投げる。
❻かごを床や台の上に置いて，ボールや丸めた紙などを同じように回転したいすから投げるなどのバリエーションを広げる。

留意点・その他

- いすに座る時，背もたれを抱きかかえるように座ると，体が安定しやすい。慣れたら前を向いて座るようにする。
- 回転いすは，いろいろな種類があるので，子どもに合った物を考える。
- ダーツは針がついているものは危ないし，マジックテープのものは的に付きにくいので，マグネットタイプが安全で付きやすい。
- 普段から壁にかけて，自由に遊べるようにしておくと楽しい。

用いた教材・教具

「マグネット式ダーツ」
水谷商会　4,300円ぐらい

身体機能を高める

10 がまん がまん ぶら下がり

指導時間 5〜10分程度

指導のねらい

- ぶら下がり器に登ったりぶら下がったりすることで，固有感覚や空間認知の力をつける。
- ぶら下がり続けることで，バランス感覚や握力，忍耐力をつける（「我慢する力」「我慢するとはどういうことか」を知る）。

指導方法

❶ぶら下がり器に登ったり，ぶら下がったりして自由に遊ぶ。

❷ぶら下がり器にぶら下がる。10秒ぐらいから始めてだんだん時間を延ばす。1分間ぶら下がることを目標とする（通称「ぶら下がり」）。

❸左右にある棒にひじを伸ばして，体を浮かせる。10秒ぐらいから始めてだんだん時間を延ばす。1分間体を浮かせることを目標とする（通称「ひじ伸ばし」写真参照）。

❹上の棒にロープを縛って，ロープにぶら下がる。10秒ぐらいから始めてだんだん時間を延ばす。1分間ぶら下がることを目標とする（通称「ロープぶら下がり」）。

留意点・その他

- 購入した後,組立に手間がかかるが,正確に製作しないと危ない。
- 高い所を怖がる子どもには,低い棒にぶら下がることからゆっくりと始める。
- 高い所を怖がる要因は,経験不足や空間認知の弱さ,バランス感覚の偏りなどが考えられるので,これらを違う教具で調整してから取り組んでもよい。
- 指導者がタイマーを持って,ぶら下がっている時間がわかるようにする。
- 毎回少しずつ行うことで効果がある。
- ぶら下がっている時に子どもが手の持ち直しをしたり,左右に体を振ったりすると教具が揺れるので,指導者がしっかりと支えておく。
- 登ることが好きな子どもはすぐに登りたがるが,そんなに安定感があるものではないので,目の届く時間に遊ばせる。

用いた 教材・教具

「ぶら下がり器」
5,000～6,000円ぐらい

身体機能を高める

11 | 皿に集中　回れ

指導時間　5〜10分程度

指導のねらい

- 皿を回すことで，注意集中力をつける。
- 皿を回すことで，バランス感覚，注視する力をつける。

指導方法

❶棒を手のひらや指先に立てて，バランスをとる。
❷棒を皿の真ん中のへこみに入れて，ゆっくり持ち上げてじっとする。1分間を目標にする。
❸皿が落ちないように棒でバランスをとりながら歩く。
❹皿回しをする。
　・皿のそこにある枠に棒をひっかけて持ち上げる。
　・枠に棒をひっかけたままゆっくりと回して，だんだん速く回す。
　・タイミングよく棒を真ん中のへこみに移動させる。
❺回す棒を変えて難度をあげる。
　・長さ70〜80cmぐらいの細い棒
　・長さ70〜80cmぐらいの少し太い棒
　・長さ50〜60cmぐらいの細い棒
　・長さ30〜40cmぐらいの細い棒
❻棒の上で皿が回ったら，棒を手のひらや指先に立ててバランスをとる。

留意点・その他

- 物のバランスをとるということは、とても難しいことである。棒だけでなく、いろいろな物を手のひらや指先でバランスをとって立たせてみる。
- 皿の上と下にシールを貼ったり、模様を書いたりすると皿が回っていることがわかりやすい。
- できないとすぐにあきらめてしまう子どもには、優しい声かけと励ましが必要である。
- 皿回しは難しい。指導者がまずできるようになって、見本を見せることが最適である。それを見て真似させるが、手首の使い方や力加減は言葉でアドバイスできないので、子どもの手を後ろから持っていっしょに回すとわかりやすい。
- 子どもはできないと続けてやりたがるが、毎回少しずつ行うことで効果がある。

用いた教材・教具

「皿回し」
マジックエクスプレス　1,404円ぐらい

身体機能を高める

12 じーっと集中 ポンポン ピンポン

指導時間 5〜10分程度

指導のねらい

- ラケットの上にピンポン玉を乗せて落とさないようにすることで，バランス感覚や注意集中の力をつける。
- ラケットでピンポン玉を打ち続けることで，適切な力加減と注視する力をつける。

指導方法

❶ ピンポン玉を手のひらに乗せて，1分間落とさないようにする。

❷ ピンポン玉をお皿やお菓子箱のふたなどの上に乗せて，できるだけピンポン玉を動かさないように持ち続ける。

❸ ラケットの上にピンポン玉を乗せて，落とさないようにする。初めは10秒にし，だんだん時間を伸ばし，1分間落とさないようにする。

❹ ラケットの代わりにいろいろな物の上にピンポン玉を乗せて，落とさないようにする。

❺ ピンポン玉をラケットで小さく上に打つ。初めは10回を目標にだんだん数を増やし100回できるようにする。

❻ ピンポン玉をラケットで小さく上に打ちながら歩く。コースを作って左右に動いたり，台の上に乗ったりしながら歩く。

留意点・その他

- ピンポン玉の代わりにテニスボールやゴムボールなどを使ったり，ラケットの代わりに下敷きや本を使ったりとバリエーションを広げるとおもしろくなる。
- 枠のある物を使うと玉が落ちないので，失敗感が少なくなる。その場合，箱に○を書いて，その中からでないようにすることから始める。
- ラケットの表面に布やフェルトを貼るとピンポン玉が安定しやすい。
- バランスは腕や手だけでなく，全身の力を適切にすることを教える。
- できないと何度もやりたがるが，毎回少しずつ行うことで効果がある。
- 落ち着きのない子どもには，とても効果的である。

用いた
教材・教具

「ピンポンセット」
100円ショップ

身体機能を高める

13 | 触って　ニギニギ　落ち着く気持ち

指導時間　10〜15分程度

指導のねらい

- キネティックサンド（室内用の砂あそび）で遊ぶことで，手全体の触覚を高める。
- どのような物を作るか考えることで，想像力を養う
- キネティックサンドを触ることで，触覚が刺激され，気持ちの安定につなげる。

指導方法

❶キネティックサンドを触る。たくさん触る。
❷全部のサンドを集めて，大きな山を作り，崩す。
❸だんごを作る（あまり固くはできない。すぐに崩れる）。
❹自由に作って遊ぶ。

留意点・その他

- 広めのケース（ふた付き）に入れて行うと出しやすいし，片付けしやすい。
- 特別な砂なので，最後に手をはたくだけできれいになる。
- 砂遊び用の型や道具も販売されているが，何もないほうが想像力が高まる。

- ぎゅっと握っても，すぐにくずれやすいことを頭に入れておく。
- 特別な配合をされている物なので，他の物と混ぜない。
- もう一つ触覚刺激で気持ちの安定が図れるものに「人工芝」がある。

用いた教材・教具

「キネティックサンド」
(株) ラングスジャパン　1キロ　2,980円ぐらい

「人工芝」
100円ショップ

身体機能を高める

14 │ 見えない！触って 進め

指導時間 5〜10分程度

指導のねらい

- アイマスクをして「さわるめいろ」をやることで，指先の触覚が向上するとともに，今，指がどのように動いているのか，凸がどこにあるかなどを想像する力がついてくる。
- 目の前が見えなくても，気持ちを落ち着かせて取り組む。

指導方法

❶ 子どもがアイマスクをして，指導者としばらく会話する。
❷ 子どもがアイマスクをして，机の上にある物が何か言う（普段使っている物がよい）。
❸ アイマスクをしないで，「さわるめいろ」の練習を行い，指の動かし方やルールなどを確認する。
「うそっこ路に入って行き止まりになった時」
「逆に進み始めた時」など
❹ 子どもがアイマスクをして，「さわるめいろ」を行う。

留意点・その他

- アイマスクを嫌がったり，怖がったりする子どもがいるので，そんな時は目をつぶるだけでもよいとする。

- 両手で触りながらやるとわかりやすい時がある。
- 正しい道は書かれていないので，事前に指導者がマジックで正しい道を書いておくとよい。
- １回の指導に１つの課題を行うようにする。
- 正しい道の時は「いいよ」「あっているよ」などと声をかけると子どもは安心できる。しかし，「うそっこ道」に入ったら，行き止まりになるまで黙っていて，子どもが気づくまで待っていてもよい。
- うそっこ道から正しい道に戻るのがうまくできなかったら，子どもの指を持って誘導してあげると安心する。

用いた
教材・教具

「さわるめいろ」
（株）小学館　1,900円ぐらい

学びを支援する

15 | 同じような形に並べるだけ

指導時間 🕐 10〜15分程度

指導のねらい

- 見本の形を見ながらブロックを並べることで，色や形を見分ける力を高めたりや短期記憶を養ったりする。
- 全体の形や模様からブロックとブロックの関係性を理解する。

指導方法

❶ 1つのブロックを指導者が置いたように，子どもが置く。
❷ 2つのブロックを指導者が置いたように，子どもが置く。
❸ 3つのブロックを指導者が置いたように，子どもが置く。
❹ 4つのブロックを指導者が置いたように，子どもが置く。
❺ 4つのブロックの絵（線がある）を見て，子どもが木の枠の中に同じように並べる。
❻ 4つのブロックの絵（線がない）を見て，子どもが木の枠の中に同じように並べる。
❼ 6つのブロックの絵（線がある）を見て，子どもが木の枠の中に同じように並べる。
❽ 6つのブロックの絵（線がない）を見て，子どもが木の枠の中に同じように並べる。
❾ 8つのブロックの絵（線がある）を見て，子どもが木の枠の中に同じように並べる。

❿ 8つのブロックの絵（線がない）を見て，子どもが木の枠の中に同じように並べる。

留意点・その他

- 「実物を真似る」「線の書いてある絵を真似る」「線の書いてない絵を真似る」という段階をふむと，子どもは抵抗なく行うことができる。
- 線のない絵になると難しくなるので，透明のプラ板にブロックの大きさの線を書いたヒントカードを用意し，わからない時は，絵の上にプラ板を乗せるとわかりやすくなる。
- 見本の絵をブロックのどの位置に置くとわかりやすいか，子どもと話し合いながら決める。
- 毎回少しずつ行うことで効果がある。途中で終わったら，付箋を貼って次の時に続きがわかるようにしておく。
- 何度も何度もやり直したり，考えていたりする時は，待つことも大切である。

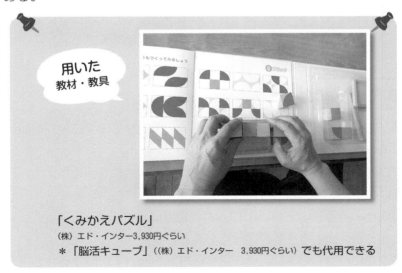

用いた教材・教具

「くみかえパズル」
(株)エド・インター 3,930円ぐらい
＊「脳活キューブ」（(株)エド・インター　3,930円ぐらい）でも代用できる

学びを支援する

16 | ひらめき 柔軟性で ぴったり

指導時間 10〜15分程度

指導のねらい

- ブロックとブロックを組み合わせることで，形の関係性がわかる。
- ブロックの組み合わせ方を考えることで，思考の柔軟性が養われる。

指導方法

❶課題の冊子の始めから順番にブロックを並べていく。
❷始めの課題は冊子にブロックの色が描いてあるので，同じ色のブロックを上に乗せる。
❸一つの形を8パターンのブロックの組み合わせで完成させる。
❹ブロックの数がだんだん多くなるので，難度が高くなる。

留意点・その他

- 子どもがうまくできない時は，指導者が1つか2つブロックを置いてあげる（答えは後ろに掲載されている）。
- 1つの課題に8つのブロックパターンが用意されているが，全部行う必要はない。「1と8」「3と5」「1と5と8」など。
- 固執性のある子どもは，ブロックを回すことが多く，「ひっくり返す」ことも教えると考え方が柔軟になる。
- 途中で終わってもよい。その場合は付箋を貼って次回からやる課題がわ

かるようにする。毎回少しずつ行うことで効果がある。
- 「くみあわせパズル」の次のステップでこのような教材を使うと効果がある。

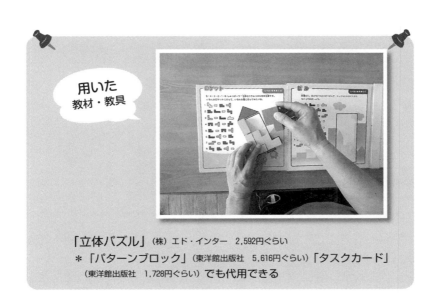

用いた教材・教具

「立体パズル」(株) エド・インター 2,592円ぐらい
＊「パターンブロック」(東洋館出版社 5,616円ぐらい)「タスクカード」
(東洋館出版社 1,728円ぐらい) でも代用できる

学びを支援する

17 | 上下左右に動かして

指導時間 🕐 10〜15分程度

指導のねらい

- 課題の絵とブロックを見比べて積むことで，形や色の弁別する力がつく。
- ブロックとブロックを組み合わせることで，立体的で空間認知の力を高める。
- ブロックを的確に組み合わせる方法を考えることで，柔軟な思考を養う。
- 組み合わせた形を考えることで，推理する力や予測するする力をつける。

指導方法

❶課題の絵のようにブロックを組み合わせて，立方体（さいころ型）になったら完成である。

❷絵は最後まで描いてある課題から始まり，だんだん途中までしかなく，残りは自分で考えるように，段階的に難度が高くなっている。最後は，始めの1つだけ描いてあり，残りはすべて考えるようになっている。

留意点・その他

- 立体的になっているので，かなり難しいパズルであるから，課題の絵を見て組み立てることが難しい子どもには，いっしょに積み上げる。
- 途中でわからなくなってしまった子どもには，1つか2つのブロックを積んでヒントを与える（答えはパズルの本の巻末に掲載されている）。

- 固執性がある子どもは，ブロックを回すだけで困っていることがあるので，ブロックを「ひっくり返す」ことを教えると，考えが柔軟になってくる。
- 子どもは１つクリアすると，次々にやりたがるが，毎回少しずつ行うことで効果が上がる。
- 子どもの様子を観察しながら，いらいらし始めたら早めにヒントや声かけをしたほうが嫌にならない。
- 「くみあわせパズル」「立体パズル」など平面パズルの次のステップとして取り組むとよい。

用いた
教材・教具

「賢人パズル」
(株)エド・インター　2,484円ぐらい

学びを支援する

18 見えない所に ご用心

指導時間 🕒 10〜15分程度

指導のねらい

- 課題の絵とブロックを見比べることで，形や色の弁別ができる。
- 課題の絵を見ながらブロックを積み上げることで，ブロックとブロックの関係性がわかる。
- ブロックの積み上げ方を見て，見えない所にあるブロックを想像する力がつく。
- 課題の絵と同じように積み上げることで，見方を考える柔軟性が養われる。

指導方法

❶ ブロックで自由に遊ばせる。
❷ 指導者がブロックを横や縦に並べ，子どもが真似る。
❸ 指導者が5〜6個のブロックを立体的に積み上げ，子どもが真似る。
❹ 指導者が10個ぐらいのブロックを立体的に積み上げ，子どもが真似る。
　（子どもから見えないブロックも組み合わせる）
❺ 課題の絵を見て，ブロックを積み上げる。だんだん難度が上がるとともに，横からと上から見た絵がでてくるので，どちらからも正しくなるように確認する。

留意点・その他

- ブロックはすべてさいころ型の立方体である。
- 見えないブロックは指導者が作って、完成型を回して見せると子どもにはわかりやすい。
- 難しくなったら、少し前に戻ってもう一度やり直すとよい。
- 毎回少しずつ行うことで効果がある。
- 子どもがいらいらし始めたら、早めに声をかけたりヒントを与えたりしたほうがよい。

用いた 教材・教具

「ずけいキューブつみき」
(株)くもん出版　4,104円ぐらい

学びを支援する

19 色輪ゴムで ぴーん

指導時間 5〜10分程度

指導のねらい

- 見本の絵の上に色輪ゴムをかけることで,見比べる力をつける。
- 見本の絵を見ながら,手元のピンに輪ゴムをかけることで,短期記憶や空間認知の力を養う。

指導方法

❶ ピンに色輪ゴムを自由にかけて遊びながら,色や大きさを実感する。
❷ 「19ピン用の絵」をケースの下に敷き,その上から色輪ゴムをかける。
❸ 「19ピン用の絵」をケースの上や横に置いて,ケースのピンに色輪ゴムをかける。できたら絵をケースの下に差し込み確認する。間違っている場所を直す。
❹ 「81ピン用の絵」をケースの下に敷き,その上から色輪ゴムをかける。
❺ 「81ピン用の絵」をケースの上や横に置いて,ケースのピンに色輪ゴムをかける。できたら絵をケースの下に差し込み確認する。間違っている場所を直す。

留意点・その他

- 色輪ゴムはビニールに入っているので,小物入れを用意して保管するとよい。

- 色輪ゴムは大中小とあるので，大きさごとに分別したり，色ごとに分別しておくと操作しやすい。
- 必要な数だけ小物入れから出しておくと，乱雑にならなくてよい。
- 見本の絵をどこに置くとわかりやすくなるか，子どもと決める。
- わかりにくい時は，1本だけ作ってあげるなどのヒントを与えるとわかりやすくなる。
- 19ピンから81ピンと一気に難しくなるので，81ピンの下だけ使う中間の絵を自作すると，段階的になる。
- 時間で区切って，毎回少しずつ行うことで効果がある。
- 画用紙にピンの・を書いて，指導者や子ども自身が絵を描いてもおもしろい。

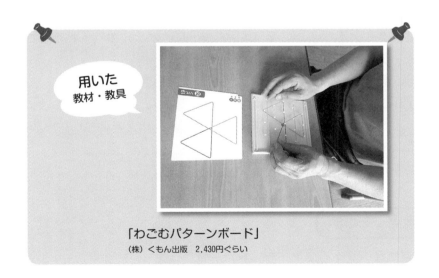

用いた
教材・教具

「わごむパターンボード」
(株)くもん出版 2,430円ぐらい

学びを支援する

20 目，耳，口，指で覚える　漢字

指導時間　20分程度

指導のねらい

- 視知覚，ワーキングメモリ，触覚など多くの感覚を利用して，漢字を覚える。

指導方法

「春」を覚える場合
❶「はる」と読む。春に関連することを話す。
❷マルチパワー漢字カードをパットの横に置き，「三，人真ん中から書く，お日さま」と言いながら，パッドの上に指で漢字を書く。
（パッドは，パソコンのマウス用パッドに，滑り止めシートを貼る）
❸2～3回パットの上に指書きをする。
❹同じ要領で他の漢字を10～20文字ぐらい練習する。
❺練習した漢字を使う文章の漢字テストを行う。
❻テストで間違った漢字だけもう一度，マルチパワー漢字カードで練習する。
❼漢字テストで間違った漢字だけテストする。

留意点・その他

- 「意味から覚える漢字イラストカード」や「道村式漢字カード」で覚え

ることができれば，そのカードだけ学習すればよい。
- 「春」をイメージした話をすると，覚えやすくなる。
- 滑り止めシートを使うと，指先の刺激が強くなってよい。
- 指で書くだけなので，適当に書くようになってしまうので，一画一画口と指を合わせて書くように声かけをする。
- 焦らずに少しずつ覚えるようにすると，子どもの苦手意識が軽減される。
- ここで覚えた漢字は，生活の中でも使うようにし，確実に子どもの力となるように声かけをしたり，文章を書かせたりする。

用いた教材・教具

2つの教材を，パウチで合体させたカードを作成

「意味から覚える漢字イラストカード」
(株)かもがわ出版　1年生用2,800円ぐらいから

「道村式漢字カード」
点字学習を支援する会　1年生用140円から

学びを支援する

21 パタパタ「ドミノ」で集中力

指導時間 10～15分程度

指導のねらい

- ドミノ牌を最後まで並べることで、注意集中力や手先の巧緻性を養う。
- ドミノ牌をどのように並べるか考えることで、想像力がつく。
- 指導者が言ったようにドミノ牌を並べることで、ワーキングメモリを養う。

指導方法

❶ドミノ牌を自由に並べたり倒したりすることで、並べ方を知る。
❷ドミノ牌を一直線に並べて、倒す。
❸ドミノ牌を円く並べたり、蛇行させて並べたりする。
❹付属の階段や回転台などを自分なりに考えて、創作する。
❺途中に箱や本の上を並べるなど身近にある物を利用し、工夫した並べ方を考える。
❻ドミノ牌を3列に作る。指導者が「右、赤、5個」など3つの指示を耳元で言い、その通りにドミノ牌を並べる。指導者から並べる場所までの距離をだんだん離す。

留意点・その他

- ドミノ牌は、プラスティック製、木製など素材や大きさがいろいろとあ

るので自分の指導に合う物を探す。また，ジェンガ用の木など代用できる物がたくさんある。
- すぐに倒してしまう子どもやいらいらする子どもは，指導者がいっしょに並べて集中力を維持できるようにする。
- 初めは少ない牌数で，完成した成就感や倒した成就感を味わう。
- 付属品や身近な物を，創作のヒントにできるように声かけをしたい。
- 2～3人ぐらいが協力して作ることで，コミュニケーション・対人関係の力を養うようなバリエーションを広げることもできる。

用いた
教材・教具

「ドミノ牌120」
ハナヤマ　4,500円ぐらい

学びを支援する

22 | 聞いて　覚えて　3ヒント

指導時間　10分程度

指導のねらい

- 指導者が読んだヒントを聞いて正しい札を取ることで、ワーキングメモリの力を高める。

指導方法

❶ 同じ職業の札を3枚並べ、指導者が「服の色」「持っている物」を言う。そのヒントを聞いて子どもが札を取る。

❷ 3～4種類の職業の札を3枚ずつ並べ、「服の色」「持っている物」「職業」を言う。それを聞いて子どもが正しい札を取る。

❸ 8種類の職業の札を3枚ずつ並べ、「服の色」「持っている物」「職業」を言う。それを聞いて、子どもが正しい札を取る。

❹ 子どもを札から少し離して、❶～❸を行う。

❺ 子どもを札からかなり離して、❶～❸を行う（別室に札を置いてもよい）。

留意点・その他

- 「職業」「色」「物」などの名前を事前に確認しておく。
- ワーキングメモリが弱い子どもは、種類や距離によって、忘れてしまうことがあるので、少しずつ難度を上げていくようにし、成功体験を増やす。

- 生活に応用できるようにするために，教室にある物を持ってきてもらうとか，家庭で買い物中に品物を捜させるなどするとよい。
- 毎回少しずつ行うことで効果が上がる。
- いろいろなかるたがあるので，手に入る物で指導はできる。
- 数人の子どもがいっしょに行うこともできる。

用いた
教材・教具

「れんそうかるた」
(株) シルバーバック　972円ぐらい

学びを支援する

23 | 動かせ　同じ並び方

指導時間　10分程度

指導のねらい

- 見本の形や色を見分けて覚えることで，注意集中力，視知覚やワーキングメモリを養う。
- 自分のパイをどのように動かしたら，的確な場所に移動できるかを考えることで，先を見通す力や想像する力がつく。
- パイを手早く動かすことで，手先の巧緻性がつく。

指導方法

❶ 2人で対戦する。
❷ 色パーツを左右同じ配列に並べて，ルービックさいころをふる。
❸ 見本のルービックさいころの配列と同じになるように，自分の陣地のパイを滑らしながら動かす。
❹ 真ん中の3×3の配列が見本と同じになったら，真ん中の黒いついたてを自分の方に倒す。
❺ 2人で見本と同じか確認する。

留意点・その他

- 見本となるルービックさいころの代わりに「ルービックキューブ」を使ってもよい。

- パイを持ち上げて移動したくなるので,気をつける。
- 2回戦目は,1回戦目の最後の配列から始めてもよい。
- 1回戦目が終了した時にパイをそのままにして,ルービックさいころをふって2回戦目を始めることもできる。
- うまく動かすことができない子どもには,具体的に操作をさせながら教えていく。
- 片付ける時は,ばらばらになりやすいので,横にしたまま入れてそのまま保管すると,次にスタートしやすい。

用いた
教材・教具

「ルービックレース」
(株)メガハウス　2,138円ぐらい

学びを支援する

24 いちごの色は　な〜に？

指導時間　10分程度

指導のねらい

- いちごの下の色を覚えて同じ色を探すことで，ワーキングメモリや視知覚の力を高める。
- 数人で行うことで，ルールを守る規範意識を高める。

指導方法

❶板の下に回転台をセットし，木のいちごをへこみに全部入れる。

❷トランプゲームの神経衰弱の要領で2つのいちごを抜いて，中の色が同じだったら自分でもらう。中の色が違ったら，木のいちごをもとに戻す。

❸❷を順番に行い，木のいちごが全部なくなったら，木のいちごの数を数える。

❹何度かやるうちに色を覚えてしまうことがあるので，やっている途中に「回転タイム」を作って，板を回転させるとおもしろい。

❺次に，木のいちごを等分に分ける。付属の色さいころを振り，出た色の所に木のいちごを入れる。入れる色がいっぱいで場所がない時は「パス」になる。

❻一人がなくなるまでやるか，全員がなくなるまでやるかは，事前に決めておく。

留意点・その他

- 木のいちごは転がりやすいので、途中で台から落ちると気が散ってしまう子どもがいる。
- 子どもが口の中に入れないように気をつける。
- 回転台は、必要以上に回さないようにする。
- 勝敗にこだわらず、楽しくやることを事前に話し合っておきたい。
- 付属に木のろうそくがあるので、それを事前にさしておくと、ろうそくの近くの色を覚えやすいなどのヒントになる。適宜ヒントなどに使ってもよい。

用いた教材・教具

「いちごケーキ」
(株) 平和工業　2,138円ぐらい

※回転台の穴、さいころに色がついている

学びを支援する

25 白黒つけよう　縦横斜め

指導時間 🕐
20分程度

指導のねらい

- オセロゲームを行うことで，縦横斜めの空間認知や視知覚が向上する。
- 自分のオセロを多くひっくり返すことができるように，先を見通す力，推察力が高まる。
- ルールを守ってゲームをすることで，規範意識を養う。

指導方法

❶オセロを高く積み上げる（写真参照）。
❷オセロを20枚（白10枚，黒10枚）並べる。白役は黒を白に，黒役は白を黒にひっくり返す。20～30秒くらいで勝負する。
❸縦4列横4列（8枚ずつ）でオセロのルールを覚えながらゲームをする。
❹縦6列横6列（18枚ずつ）でオセロのゲームをする。
❺全面を使って，オセロゲームをする。

留意点・その他

- オセロの類似品は，たくさんある。
- 枠が縦横に付いていると，オセロが置きやすく，ずれなくてよい。
- オセロをひっくり返すゲームでは，手と手が交差したり，ぶつかったりすることもあるので，爪が長いと危ない。

- オセロのやり方は，段階的に面とオセロの枚数を増やすといいが，やり方がわかる子どもはすぐに全面を使ってもよい。
- 定規や棒のような物を補助具としてオセロの上にあてると，縦横斜めがわかりやすい。
- 通級指導教室だけでなく，在籍学級や家庭，地域でも取り組んでもらうともっと楽しくなる。

用いた
教材・教具

「オセロ」
2,625円ぐらい

学びを支援する

26 きょろきょろ 同じカードはどれかな？

指導時間 10分程度

指導のねらい

- 2枚のカードを見比べて同じ絵を探すことで、眼球移動がスムーズになる。
- 同じ絵を探すことで、視知覚が向上する。
- 1枚の絵を覚えて、違うカードの中から同じ絵を探すことで、ワーキングメモリが向上する。
- ゲームをすることでルールを守るなどの規範意識が身に付く。

指導方法

❶カードを2枚並べる。他のカードは裏返しにして積み上げておく。
❷2つのカードを見比べて「同じ形、同じ色」の絵を探して見つけたら、指さし、当たっていたらカードを1枚もらう（どちらのカードでもよい）。
❸残った1枚の横に新しいカードを並べて、同じように行う。
❹最後だけは、当たった人が2枚とももらい、カードが多い人が勝ち。
❺右の写真のような補助具（白い紙）を作成し、カードを置く場所に変化をもたせる。
❻1枚は左下に置き、もう1枚は2、3、4・・・8の位置に変えていく（2枚のカードが横縦斜めに離れていくことで、眼球の移動距離が長くなり難度が上がる）。

> **留意点・その他**

- 形と色がわかれば,年少の子どもと大人が対戦することもできる。
- 向きが違っても,形と色が同じならよいことを事前に話し,ルールを確認する。
- カードは紙製なので,指先には優しいが,折れ曲がりやすいので扱いに気をつける。
- 見る力が弱い子どもはわかりにくいので,指導者が声かけをしながら進めるとよい。

いろがごちゃまぜ2ディオ(おなじはど〜れ?)
アミーゴ社　2,380円ぐらい

学びを支援する

27 そっと抜いて　そっと置く

指導時間 10分程度

指導のねらい

- 木のタワーの中から抜きやすく倒れないブロックを探すことで，推察力を養う。
- 倒れないようにブロックを抜いたり，抜いたブロックを上に置いたりすることで，注意集中力や手の巧緻性が高まる。

指導方法

❶ブロックを積んだり並べたりして遊ぶ。
❷ブロックを立てて並べる。ドミノのように倒して遊ぶ。
❸3本セットで縦横と交互にブロックを積み上げる。
❹はじめは，10段ぐらいから練習し，ルールを確認する。途中のブロックを1本抜いて上に乗せることを順番に行い，倒した人が負けとする。
❺全部のブロックを使ってゲームをする。

留意点・その他

- ジェンガの類似品はほかにもあるので，その教具を使えば同じ効果が期待できる。
- ジェンガゲームのルールは，たくさん考えることができるので，始める前に確認する（ブロックを抜く時は片手か両手か，ブロックを抜く時に

他のブロックを触っていいか，ブロックを置く時は，片手か両手かなど）。
- 倒れる時は勢いよく大きな音がでるので，大きな音が苦手な子どもやパニックを起こしやすい子どもには，予告しておく。
- 通級指導教室の指導だけでなく，在籍学級や家庭，地域でも取り組める。
- 姉妹品として「ジャンボジェンガ」（タカラトミー）がある。長さ50cmほどで色ダンボールでできている。全身を使ってブロックを抜くので，豪快である。

用いた
教材・教具

「ジェンガ」
(株) タカラトミー　2,592円ぐらい

学びを支援する

28 コツコツと積み上げることが大事

指導時間 10分程度

指導のねらい

- 木のチップを積み重ねることで，注意集中力や手先の巧緻性が高まる。
- どのように積み重ねるか考えることで，想像力をつける。
- 複数の人でゲームを行うと，ルールを守って行うなどの規範意識が高まる。

指導方法

❶机の上で積み重ねたり並べたりして遊ぶ。
❷ピラミットのように四角錐のように積み重ねる。
❸さいころを振り，出た枚数だけ机の上に積み重ねていく。チップが崩れたら負け。
❹1枚ずつ順番に机の上に積み重ねていく。チップが崩れたら負け。
❺さいころを振り，出た枚数だけ付属の台の上に積み重ねていく。チップが崩れたら負け。
❻1枚ずつ順番に付属の台の上に積み重ねていく。チップが崩れたら負け

留意点・その他

- チップはなめらかで手触りがよい。小さいので紛失しやすいし，口の中にも入れやすいので注意する。

- 2枚や3枚を積み重ねる時は、まとめて乗せるのか1枚ずつ乗せるのかなど、ルールを決めておく。
- 崩れる時は勢いよく大きな音がでるので、大きな音が苦手な子どもやパニックになりやすい子どもには、事前に話をしておく。
- 付属のさいころは、「1・2・3」しかないので、市販のさいころを使って6までにしてもよい。
- 身近な物の上に積むこともバリエーションとして広がる。

用いた教材・教具

「ボトルチップス」
平和工業　1,620円ぐらい

学びを支援する

29 指で ぽんぽん おもしろい

指導時間 5〜15分程度

指導のねらい

- パソコンで操作しながら13種類の課題を行うことで，視知覚，聴知覚，触覚，瞬発力などをバランスよく養う。
- 課題を最後までやり切る注意集中力を高める。

指導方法

❶ソフトを，タッチパネル式のパソコンにインストールする。
❷以下は「課題の名前」と（育てる感覚）を列記したもの。

　　　・「フラッシュライト」（ワーキングメモリ・短期記憶）
　　　・「しかくたんさく」（視知覚）
　　　・「はじめのもじ」（言語感覚）
　　　・「くるま」（目と手の協応性・手先の巧緻性）
　　　・「もぐらたたき」（判断力・視知覚）
　　　・「ことば」（聴知覚，語彙力）
　　　・「りったいフィット」（空間認知）
　　　・「ジャストフィット」（視知覚）
　　　・「わたしはだれ？」（語彙力）
　　　・「スピードタッチ」（色の弁別・瞬発力）
　　　・「ききことば」（聴知覚・ワーキングメモリ）
　　　・「ブロック」（空間認知・思考の柔軟性）

・「さめがめ」(推理力・先を見通す力・思考の柔軟性)

留意点・その他

- タッチパネル式パソコンだから，おもちゃ感覚で楽しめるので時間を決めて行う。
- どの課題をやるか自由に選ばせてもよいが，子どもの実態に合わせて指導者が指定してもよい。
- 高価な機械なので扱いには十分気をつけるなど，事前に約束を決める。
- 「CD版」と「ネットインストール版」がある。

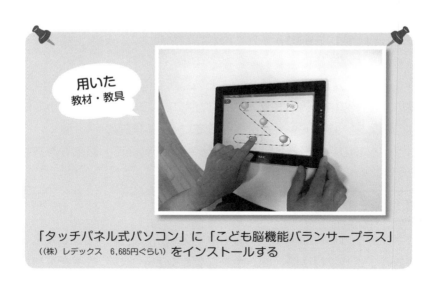

用いた教材・教具

「タッチパネル式パソコン」に「こども脳機能バランサープラス」((株)レデックス　6,685円ぐらい) をインストールする

学びを支援する

30 細かい所まで 見分けよう

指導時間 🕐
5〜10分程度

指導のねらい

- 「図形写し」や「数字つなぎ」などのプリントを行うことで，形を見比べることや細かい所を見分けることができる。

指導方法

❶紙に●を30個書き，1〜30の数字をランダムに書く（できるだけ次の数字が遠くになるように）。
❷子どもは，1から順番に線をつないでいく。
❸●を50個にしたり，市販のプリントで100までつないだりする。
❹縦に5個，横に5個のドットにつながれた見本の図形を，横のドットだけ書かれている所に写す。
❺写すドットの数を減らし，おおよその場所を考えて，図形を写す。
❻縦に5個，横に5個のドットにつながれた2つの図形が重なっている見本の図形を，横のドットだけ書かれている所に写す。
❼写すドットの数を減らし，おおよその場所を考えて，図形を写す。

留意点・その他

- 数字が見つけられない時は，おおよその場所をヒントとして教える。
- 複数の子どもで行う時には，全員にプリントを渡して数字を書かせ，プ

リントを交換して行うと楽しめる。
- 市販のプリントは，数字をつないでいくと絵になるようにできているものがあるので，つなぐおもしろさを感じられる。
- 図形写しでは，図形の重なりがわかりにくい子どもがいるので，赤線を引いたり，ドットを指さしたりしてヒントをだすとよい。
- 図形写しでは，見本を置く位置で写しやすい所と写しにくい所がある。子どもと話しながら，見本をどこに置くか決める（左右上下）。
- 「間違い探し」のプリントも，同じような効果があるので行うとよい。

用いた教材・教具

「図形写し・点つなぎ」
Knock Knock 視覚発達支援　2,100円ぐらい

学びを支援する

31 | 聞いて 覚えて 答えよう

指導時間 10～15分程度

指導のねらい

- 『きくきくドリル』で話を聞き取って覚えたり，質問に答えたりすることで，話を聞き取る力，記憶する力，話す力などを高める。
- 話や質問を，集中して聞き取る力を養う。

指導方法

❶『きくきくドリル』（入門編）（BOOK１～３まで４冊ある）。
　・低学年や聞き取りの悪い子どもは，「入門編」から
　・中学年，高学年は，「BOOK１」から
　　（リニューアル版『きくきくドリル』はSTEP①～③とBOOK３まで４冊ある
　　　・低学年や聞き取りの弱い子どもは「STEP②」から
　　　・中学年，高学年は「STEP③」から）
❷「聞いて復唱する」「間違い探し」など課題に分かれていて，１からだんだん難しくなり，６～８までプリントはある。
❸１回の指導で１枚のプリントを行う。
❹子どもの実態によって途中でCDを止めて待つこともあるが，基本的には，CDを流し続ける。
❺１回で正解できない場合は，もう一回CDを流すか，指導者が問題を読み上げる。

留意点・その他

- CDが付属でついている。
- 問題や解答は，冊子になっているので，1枚1枚プリントとして印刷しておくと使いやすい。
- CDを指導者の近くに置いて，止めたり動かしたりがすぐできようにする。
- すぐできるような課題は，どんどんパスして違う課題に取り組む。

用いた教材・教具

『きくきくドリル』
右はリニューアル版。STEP1〜STEP3の3分冊になった。付属CDの音声がアプリで聞けるダウンロードサービスつき。

文英堂

学びを支援する

32 みる きく 想像する

指導時間 🕒
10〜15分程度

指導のねらい

- 課題によって「覚える」「数える」「写す」「見つける」「想像する」などの機能を養う。

指導方法

❶付属の CD からプリントを印刷する。
❷「覚える」「数える」「写す」「見つける」から子どもの実態に即したプリントを行う。1分間でできるものから5分以上悩みそうなものまで多種多様である。時間を決めて取り組む。
❸途中でわからなくなってしまったものは,指導者がヒントをだしてもよいし,いっしょに考えてあげてもよい。
❹「覚える」などの課題に対して11課題が用意されているが,全部やらなくてもよい。

留意点・その他

- 付属の CD にすべてのプリントや解答が入っているので,プリントアウトして使う。
- わからない課題があった場合,指導者がヒントを出して,子どもが考えやすくしてあげる。

- いろいろな認知機能を向上させることができるし，子どもの弱さも発見することができる。
- 1回にたくさん行うと，子どもの集中力がなくなるので，10分間ぐらいを目安に，毎回行うようにするとよい。

用いた教材・教具

『CD付コグトレみる・きく・想像するための認知機能強化トレーニング』
（宮口幸治著，三輪書店）

コミュニケーション力を高める

33 | 話せば すっきり お話タイム

指導時間 10〜15分程度

指導のねらい

- 自分の経験や体験，出来事を思い出すことで，想起力を養う。
- 相手に伝えようと言葉のやりとりをすることで，コミュニケーション力を高める。
- ホワイトボードの文を写すことでワーキングメモリを高める。

指導方法

❶前回から指導日までのことで１つのテーマに絞って話す。
　テーマは自由
　学校のこと，家庭のこと
　楽しかったこと　いやだったこと　おこったこと　など
❷事前に話す内容を決めてくるようにしているが，なかなか話すことができない場合は，助け舟をだすようにする。
　「学校で今どんな勉強をしているの？」
　「お休みに家族でどこかに行った？」
　「学校では休み時間にどんな遊びをしているの？」
❸子どもが話したことをまとめながら，ホワイトボードへ文章にして書く。
❹できるだけ一つのことを詳しく話ができるように導く。
❺事実や活動などだけで終わらず，必ずその時，「自分はどんな気持ちだったか」を話すようにする。

❻ホワイトボードに書いた文章を,原稿用紙半分に切ったシートに写させる(移動用のホワイトボードなら,子どもが写しやすい場所に移動させる)。

留意点・その他

- 子どもの話の内容については,批判しないで最後まで聞く。
- 保護者や担任からよい情報があったら,子どもを褒めながら話をさせると効果的である。
- 毎回少しずつ行うことで効果がある。
- ホワイトボードに書かれていないことを書くことは自由なので,自分から多く書き始めたら褒める。
- 文章を書く文字については,あまり細かいことは言わない。読めない字だけは,2~3文字直させる。
- 書いている時に,「いい字だね」「いい姿勢だね」「読みやすいね」など褒める。

用いた教材・教具

ホワイトボード(移動式)・作文用紙半分のシート

コミュニケーション力を高める

34 あのね，わたしの話を聞いて

指導時間 20〜30分程度

指導のねらい

- カードの質問に答えることで，自分の気持ちを周りに伝える。
- 周りの人の話を聞くことで，相手の気持ちや考えを聞こうとする。
- ゲームをみんなで行うことで，ルールを守って活動しようという規範意識が高まる。

指導方法

❶付属の質問カードや動物を，決められた場所に置く。

❷すごろくのようにさいころを振り，出た数だけ進む。

❸止まった所に書いてある指示に従ったり質問に答えたりする。質問に答えることができたら，動物を一つもらえる。

❹「カードを引こう！」に止まったら，質問カードを引いて質問に答える。答えることができたら，動物を一つもらえる。

❺「みんなでかんがえよう」に止まったら，みんなでかんがえようカードを引いてみんなで質問について考える。意見が言えたら動物をもらう。

❻ゴールに到着したら終了だが，全員が入るまで待つ。「みんなでかんがえよう」の時はいっしょに考える。

留意点・その他

- やり方は、すごろくのようなものである。
- 事前にカードの中から、「みんなでかんがえようカード」を選び、「みんなでかんがえようカード置き場」に置く。
- カードは、1～60は比較的答えやすい質問、61～120は、子どもの心に踏み込んだ質問であるから、子どもの実態によって選んでもよい。
- 答えたくない、考えられない場合は、「パス」としてもよい。
- 話す人は1人、話した内容には、基本的に肯定的な反応をするように心がける。

用いた教材・教具

「サイコロジーゲーム」
(株) クリエーション・アカデミー　22,680円ぐらい

コミュニケーション力を高める

35 話そう 聞こう 考えよう

指導時間 15〜20分程度

指導のねらい

- アンゲームを行うことで,自分の気持ちを伝えたり,相手の話をじっくりと聞いたりする気持ちを持つ。
- 人と話し合うなどコミュニケーション力が高まり,関わる心地よさを知る。

指導方法

❶ 勝ち負けやゴールがないので,時間を決める。
❷ 「子ども向け1」のカードを裏にして積み,順番に1枚ずつ引いて,その内容を読んで答える。
  (「1」は,比較的答えやすい内容)
❸ 「質問・コメントカード」(写真上参照)の場合は,「友だちに質問」か「自分の話」の選択をする。
❹ 「子ども向け2」のカードを裏にして積み,順番に1枚ずつ引いて,その内容を読んで答える。
  (「2」は,少し考える内容)
❺ 「質問・コメントカード」の場合は,「友だちに質問」か「好きなことを話す」の選択をする。

留意点・その他

- アンゲームは，ボードなどは必要ないのでどこででもできる。
- 「全年齢向け」「子ども向け」「ティーン向け」「家族向け」などあるが，通級指導教室で使用する場合，「子ども向け」がよい。
- 質問に答えられない時には，そのカードはパスしてもう１枚ひくようにする。
- あまり長い時間やると，飽きてしまうこともあるので20分ぐらいをめどに行うと効果的である。
- 子ども自身が，気持ちを話しやすくなるような雰囲気作りをする。

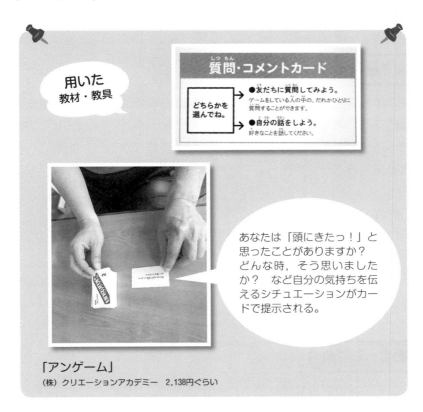

用いた教材・教具

あなたは「頭にきたっ！」と思ったことがありますか？ どんな時，そう思いましたか？ など自分の気持ちを伝えるシチュエーションがカードで提示される。

「アンゲーム」
(株)クリエーションアカデミー　2,138円ぐらい

コミュニケーション力を高める

36 みんなが気持ちよく生活するために

指導時間 10～20分程度

指導のねらい

- ソーシャルスキルワークを行うことで，生活の中で大切な6つの要素を具体的な場面設定で考える（あいさつ，自分を知る，言葉・表現，気持ちを考える，自分の気持ちのコントロール，コミュニケーション）。

指導方法

❶各学年8単元ずつになっているので，該当学年のプリントの単元1から始める。

❷いっしょに考えながらやればたっぷり1時間かかるし，簡単にやれば10分で終えることができる。子どもの実態でどのように進めるか考えていく。
  ・吹き出しや枠の中に書いていく。
  ・ワークのようなことが自分の生活の中にもあったか，振り返りながらすすめる。

❸記入したことや話したことについては，しっかりと評価する（褒める，修正するなど）。

留意点・その他

- 一つ一つ振り返りながらやると飽きてきてしまうので，1つの単元を2

回の指導に分けるほうがよい。
- ステップ１から順番に行っていくと，気持ちを育てることができる。
- 子どもの学年では難しい場合，下学年のワークでもよい。そのために，通級指導教室では，全学年の児童用ワークと教師用資料を用意したい。
- 教師用指導書や赤刷りがあるので，事前に確認する。しかし，子どもとのやりとりの中，他によいことがあればそれを書き込むほうがよい。

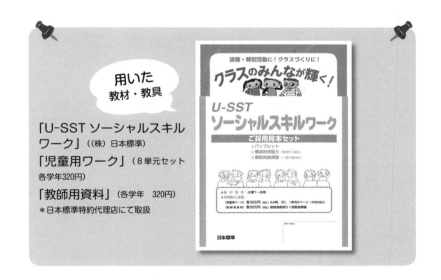

用いた教材・教具

「U-SST ソーシャルスキルワーク」（(株)日本標準）
「児童用ワーク」（8単元セット　各学年320円）
「教師用資料」（各学年　320円）
＊日本標準特約代理店にて取扱

コミュニケーション力を高める

37 こんなときどうする？

指導時間 🕐 10～15分程度

指導のねらい

- 生活の中での課題解決の方法を考えることで，よりよい対応の仕方を知る。
- これからの生活の中でも，対応の仕方を工夫しようという気持ちを持つ。

指導方法

❶ プリントの課題を読む。意味がわからない時は，指導者がその様子を解説する。
❷ 下の「文」を読んで，□の中に○△×をつける。
❸ 全部つけたら，一つ一つ理由を話す。話し合いをしながら，気持ちが変わった場合は，印を変えてもよい。
❹ よりよい対応をまとめて，指導者が話をする。
❺ 「もし自分が・・・」など，課題に関係あることを「しつもん」として，1～2個用意する。

留意点・その他

- すぐにわかるようだったら，心の揺さぶりをかけるような声かけをしてみるとおもしろい。
- 学校や家庭と連携を密にすると，似たようなことがある場合もある。そ

んな時は「この前，学校で似たようなことがあったんだって」などと話してできるだけ子どもの生活として考えることも大事である。
- 問題がでてきたら，その都度作っていくと，他の子どもにも使える。

> 用いた教材・教具

こんな時どうする？

「こんなときどうする？」（西宮YMCAの指導資料を参考に自作）

ぼくが大切にしていたおもちゃを友だちにかしてあげたら，友だちがこわしてしまった。「ごめんね」と言ってくれたが‥‥。

- ☐ ゆるせない！もうすごくおこってなぐってやる。
- ☐ ゆるせない！「新しい物を買ってかえしてよ！」とどなりつける。
- ☐ 「しょうがないなあ。ぼくのだいじなものだったのに」と言いながらかなしそうに見る。
- ☐ 「しょうがないなあ。でもこわれてしまったものはどうしようもないから，もういいよ」とゆるしてあげる。
- ☐ くやしいけれど，ぼくだってそんなことがあるかもしれないから，ゆるしてやる。
- ☐ 家に帰って，お母さんに話す。
- ☐ 友だちのお母さんに言いつけに行く。

しつもん
○だれかの大切なものをこわしたことがあるかな？
　どんな気持ちだった？

コミュニケーション力を高める

38 ＡだからＢ　ＢだからＣ　筋道を立てて

指導時間　10分程度

指導のねらい

- ヒントを読みながら言葉などを枠の中に書いていくことで，論理的な思考が身に付く。
- ヒントを元に枠を埋めていくことで，まだわからない枠の中の言葉を推理する。

指導方法

❶左のヒントを読んで，右の枠に言葉を入れていく。ヒントを使う順番は，ヒントの番号とは違うこともある。
❷全部の枠の中に言葉が入ると，問題の答えがわかる。
❸レベル１から順番にやっていくようにする。

留意点・その他

- 枠の中には１つの言葉しか入らないし，枠の中には必ず１つの言葉が入る。
- 子どもがわからない時には，ヒントの番号を言ったり，言葉で筋道を話したりしていっしょに考えてあげる。
- 使ったヒントは，横の□に印をつけたり，文を消したりするとわかりやすい。

- ヒントを出す時は，筋道を立てた説明をするようにすると，次の時から子どもが「筋道を立てる」ということがわかりやすくなる。
- 「論理脳ドリル」のような冊子は他にもあるので，レベルや内容を見比べて使用するものを考えたい。

用いた教材・教具

『アインシュタイン式子供の論理脳ドリル』
(アインシュタイン研究会，東邦出版)

コラム

ことばが　いっぱい

　私の教室には，いろいろな言葉が貼ってあります。観光地などで購入してきた物です。その言葉の横や下には絵が描かれていて，読んで見てほっとして，がんばろうという気持ちにさせてくれます。

指導教室

『　ダメだなあ　しょうがないなあ　まあ　いいか　』

『　オコッテハ　イカン　オコッテハ　イカン　』

『　いつも笑顔　元気いっぱい　』

『　だいじょうぶ　君はちゃんとやれる　信じてごらん　』

『　笑顔の花を　咲かせようよ　』

保護者待合場所

『　ぬくもりを感じる　家族を感じる
　　　　　　　　　愛を感じる　そう　これからも　』

『　なやみごと　一人でかかえず　うちあけよ
　　　　　　　　家族の数だけ　知恵がでるから　』

『　わたしがくもって帰っても　気づけば母が晴れにして
　　　　　　　　　　きっと明日は　いい天気　』

『　それでも笑顔　それでも笑顔　』

3章
発達障害のある子への指導事例

　通級指導教室に通う子どもたちは，いろいろな場所でいろいろなことで苦戦しています。
　困っている子ども，保護者，担任と協力して指導を進めると子どもの力が伸び，生活が楽しくなります。
　通級指導教室の中だけで，できるようになってもだめです。通級指導教室で身に付けた感覚や機能，気持ちが学校や家庭で発揮されるように支援をしていきたいです。
　4つの実践例を書きました。
　子ども，保護者，担任とともに，共通理解をし，同じ方向に，同じ歩調で進みました。すると，子どもは，通級指導教室で身に付けた力を家庭や学校で，具体的な行動として表すようになりました。

※ここに出てくる子どもの指導事例は架空のもので，特定の子どものものではありません。

友だちとのやりとりが苦手なAくん

友だちとのやりとりが苦手で，クラスでは友だちもおらず孤立しています。その欲求不満が家庭で爆発するなどの問題が起きており，通級指導教室で指導の課題としました。

1. Aくんの実態〈3年生〉

家庭での様子

- 普段はとてもかわいらしく，よくおしゃべりをする子どもである。
- ゲームが大好きでいつまでもやり続ける。母親がやめさせようとするが，おこって大きな声を出したり泣いたりする。
- 学校で嫌なことがあると，ずっと母親に話し続ける。感情が高まり泣くことも多い。
- 宿題は進んで行うし，忘れ物もしないように気を配る。

学校での様子

- 授業中は静かに座っているが，気持ちがどこかにいってしまい，ぼーっとしていることが多い。
- 自分から手を挙げて発表することは少ないが，周りの子どもと同じように活動することができる。
- 学習の定着はあまりよくなく，各教科のテストは50～60点ぐらいである。
- 休み時間は友だちと遊ぶことは少なく，一人で絵を描いたり本を読んだりしていることが多いが，特に困っている様子は見られない。
- 運動全般が苦手で体の動かし方がぎこちない。

2.通級指導教室の指導始めの様子・見立て

- 質問をしてもなかなか話をしようとしなくて,黙り込むことが多い。
- 教材・教具にあまり興味を示すことがなく,たんたんとやる。
- 体幹の不安定さや手先の不器用さなどがある。
- 少し不安になると,母親の顔を見ることが多い。
- 聞く力が弱く,聞き返すことがよくある。
- 全体的に心身ともにひ弱さを感じる。

3.見立てから指導計画・内容

気持ちが安定しない,注意集中力がない

❶体感の強化・安定,注意集中力の持続
- 「ユニジャンプ」で曲に合わせて,4分間跳び続ける。指導者の指示で,足をグー・チョキ・パーなどに動かしながら跳ぶ。
- 「ぶら下がり器」でぶら下がり1分間,ひじ伸ばし1分間できる。
- 「感覚ボール」の上で脱力をして,気持ちをゆだねる。感覚ボールがゆれても落ちないように体重移動をする。
- 「数字レース」の単純作業を行うことで,注意集中力を高める。

自分の気持ちを表すことが苦手

❷自分の気持ちを表現
- 毎回話をし,そのことを文章にする。
- 「ドッチビー」をしながら,会話をする。

友だちや先生の話が理解できない，覚えていない

❸ワーキングメモリを強化
- 「ことば・数字聞き取り」を行い，短期記憶力を高める。
- 「きくきくドリル」を行い，話の内容を聞き取ることや聞いて答えを考える。

人との距離感がつかめない，表情が読めない

❹視知覚や空間認知を強化
- 「まちがい探し」や「点つなぎ・図形写し」などのプリントを使って，視知覚を高める。
- 「くみあわせパズル」や「賢人パズル」などで空間認知や思考の柔軟性を高める。

4.指導の様子とAくんの変容

❶体幹の安定，注意集中力の向上

「ユニジャンプ」に乗ってもあまり跳ぶことをしないので，私が手を持ってジャンプを促すと，少しずつジャンプする。だんだん高くジャンプすることに慣れて，笑顔が出るようになる。数回の指導で，一人でジャンプしながら，グーチョキパーの足さばきができるようになった。BGMを聞きながらリズムに合わせてジャンプすることができ，ユニジャンプを楽しむようになり，1曲分4分30秒跳び続ける。

「感覚ボール」の上に乗ると全身に力が入り，不安定になる。私が背中を支え身体を安定させ，感覚ボールの肌触りを感じさせる。「大丈夫だよ。気持ちいいでしょう」など優しく話しかけてリラックスさせた。少し感覚ボー

ルを傾けると初めはぴくっと力が入ったが、「大丈夫だよ」と話しかけながら、ゆっくりと感覚ボールをゆらすと安心したように体をゆだねるようになった。数回の指導で、リラックスできるようになったので、感覚ボールのゆれを大きくしたら、そのゆれを楽しむようになった。

> この２つの教具で体の安定ができるようになった頃から、家庭での感情の起伏が小さくなってきたという話がなされるようになった。

「数字レース」では、ゆっくりとやるが間違いもあり何度も線を消してやり直すこともあった。５回の指導を越えた頃、スピードが速くなり、間違いも少なくなった。課題への注意集中力が高まった。

> 学校での表情が明るくなってきたと担任から連絡をもらう。

❷自分の気持ちの表現

指導の始めは「今日の話」である。何でもよいということがＡくんには難しいので、いつも「日曜日に家族で過ごしたこと」「学校の体育でやっていること」などを決めて話をさせるようにした。「どこに行ったの？」「誰と行ったの？」「車で行ったの？」「どんな気持ちだった？」など一つ一つ質問し、Ａくんが答える形であった。その答えをホワイトボードに文章として私がまとめて書き、話が終わったら、そのホワイトボードの文章をＡくんが、ワークシートに写すことにした。１学期は、毎回このような形で進めていったが、夏休み明けの指導日には、にこにこしてＡくんからすぐに話し始めた。「あのね、先生、夏休みに〇〇に行ったことを話してもいい？」。私は、驚いた。「どうぞ」Ａくんの話は、時々あちこちに飛んだり時間が前後したりするので、私は、質問しながらホワイトボードに内容をまとめていった。Ａくんは、私のまとめた文章をうれしそうに写した。それからは、話題を決めれば自分でどんどん話すようになったし、時々は、話題を決めなくても「うーん、今

日の休み時間の話をするよ」と自分から話すことができるようになった。

> 学校や家庭からも，自分から話すことが増えてきたり，発表をするようになったりと大きく変化をしてきたという連絡をいただくようになった。

❸ワーキングメモリの向上
　私が言う「ことばや数字」を聞いてプリントに書く活動を行う。ゆっくりと言えば正しく書くことができるが，次のことばとの間隔を少し短くすると，「もう一度言って」というように聞き返す。5〜6回続けると，だいぶ速く書くことができるようになってくる。
　「きくきくドリル」に移行する。CDから聞いて答える教材である。文章の復唱，文章の間違い探し，物の名前を覚えてから質問に答えるなど，いろいろなパターンの問題がある。入門編から1回の指導に1つの課題を行う。次回もその課題を続ける。初めはCDのことばを聞き取りにくかったようだが，だんだんCDからのことばを聞き取れるようになってくる。入門編から初級編へレベルを上げていけるようになった。Aくんが「きくきくドリル」への苦手意識が少なくなってきた頃から，大きな変化が表れた。

> 担任から休み時間に友だちと話をする姿が見られるようになってきたという電話連絡をもらう。保護者が「友だちが家に遊びにくるようになった」とうれしそうに話してくれた。

❹視知覚・空間認知の向上
　「間違い探し」や「図形写し」などのプリントを行う。初めは，簡単な見比べ課題でもわからなくて，すねてしまうことがある。間違いの場所を限定するなど，ヒントを出すことでわかるようになった。だんだん間違いの数や難度が上がっても絵の隅々まで粘り強く見るようになって，短時間で10個の

間違いを探すことができるようになった。「図形写し」では，比較的スムーズにできたが，図形がいくつも重なってくると，形がいびつになって写すことが増えてきた。違う所だけ消して直すように指導したら，正確に写すことができるようになった。

> 黒板の文章を写すようになり，学習内容の理解ができるようになったことや，授業への取り組みが意欲的になり，テストの点数が飛躍的に伸びてきたと報告を受ける。保護者から宿題を自分からやるようになったことや，間違いの直しを素直に聞き入れるようになったことが話された。

WISC－Ⅳの変化

検査学年月	全検査	言語理解	知覚推理	ワーキングメモリ	処理速度
1年 12月	86	85	80	83	92
3年 11月	107	90	113	105	107

5．2年間の指導後，退級したAくんの様子

　学校では授業への取り組みもよく，手を挙げて発表することも多く見られるようになった。また，休み時間には，学級の子どもたちといっしょに外でドッジボールや鬼ごっこをして遊ぶようになった。
　家庭では，家の手伝いもよくやってくれて，見違えるように明るくなってうれしいという報告を聞き，安心している。

学校で暴れてしまうBくん

家では一人で静かに遊ぶことが多く「おとなしい」子どもですが，学校では常にイライラして，周りへの暴言・暴力や授業に参加しないなどの問題が起きており，通級指導教室で指導の課題としました。

1．Bくんの実態〈2年生〉

家庭での様子

- 普段は宿題をやり，母親との関わりは良好な子どもである。
- レゴや車遊びが大好きで一人で遊ぶことが多い。妹とはすぐにトラブルになるが，少し言い合いになるだけなので母親は気にしていない。
- 学校のことはあまり話をしない。
- 学校から何度も電話をもらうが，その内容が信じられない。子どもに聞いても「ぼくは何もしていなのに，叩いてくるから『やめろよ』と突き飛ばしただけ」などと言う。

学校での様子

- 授業中に静かに座っていることは，ほとんどない。自分の席を離れて周りにちょっかいを出すこともある。
- 興味のある学習には取り組む。
- テストは70点ぐらいはとるので，理解できていないことはない。
- 休み時間は友だちと遊ぼうとするが，よくトラブルになって砂のかけ合いや叩き合いになる。集団から外れて運動場の隅で虫探しをしている。
- 気分がよい時は，先生の所へ来ておしゃべりをする。
- 友だちがBくんにちょっかいを出したり，冗談を言ったりすると，火がついたように怒り出す。見境なく暴れ続ける。

2.通級指導教室の指導始めの様子・見立て

- 質問をすれば話をしようとするが,話にまとまりがなくわかりにくい。
- 教材・教具には,興味を示すがうまくできない。
- 体幹の不安定さや手先の不器用さなどがある。
- 聞く力が弱く,質問がわからない時がある。
- 周りの人の気持ちは,理解しにくい。

3.見立てから指導計画・内容

気持ちが安定しない,注意集中力がない

❶体感の強化・安定,注意集中力の持続
- 「ユニジャンプ」で曲に合わせて,4分間跳び続ける。指導者の指示で,足をグー・チョキ・パーなどに動かしながら跳ぶ。
- 「ぶら下がり器」でぶら下がり1分間,ひじ伸ばし1分間できる。
- 「感覚ボール」の上で脱力をして,気持ちをゆだねる。感覚ボールがゆれても落ちないように体重移動をする。

自分の気持ちを表すことが苦手

❷自分の気持ちを表現
- 毎回話をする中で,必ず自分の気持ちを言わせる。私がその時の周りの人の気持ちを考えて話す。ホワイトボードに話をまとめた文章を用紙に写す。文章にする。
- 「ドッチビー」をしながら,会話をする。

友だちや先生の話を自分勝手に思い込む

❸ワーキングメモリを強化
- 「ことば・数字聞き取り」を行い，短期記憶力を高める。
- 「きくきくドリル」を行い，話の内容を聞き取ることや聞いて答えを考える。

状況判断ができない，人の気持ちや表情が読めない

❹論理的思考や判断力を強化，思考の柔軟性
- 「論理脳ドリル」を行い，論理的思考を養う。
- 「こんなときどうする？」のプリントを行うことで，状況判断力や気持ちのくみ取り，理解する力を高める。

4. 指導の様子とBくんの変容

❶体幹の安定，注意集中力の向上

「ユニジャンプ」に乗り，ジャンプすることはできる。自分の跳びたいように跳び，楽しむ様子が見られた。グーチョキパーの足の動きを指示したら，とたんにバランスを崩す。「できない」と言って，また自分の好きなように跳ぶ。BGMを流すと「音楽はとめて」と言う。5回ぐらいユニジャンプの指導を繰り返したら，BGMに合わせ足を動かしてジャンプを楽しむようになった。

「ぶら下がり器」では，横棒につかまりじっと我慢しようとするが，10秒で手を離す。「手がすべった」と言うので，もう一度やるが同じ結果であった。ひじ伸ばしでも体がゆれて，10秒ぐらいしか我慢できなかった。毎回取り組むことにより，ぶら下がりとひじ伸ばしは1分間できるようになった。

> この2つの教具で身体や精神的な安定が図られるようになり，学校での感情の起伏が小さくなってきたという話がなされるようになった。

❷自分の気持ちの表現

「話をしてよ。何のことでもいいよ」と言うだけで，休みの日に家族で出かけた話をし始める。ただ，早口であることや内容がわかりにくいことで，私は話の状況を想像することができなかった。「私がBくんの話を整理して書くから，ゆっくり話してね」と言って，もう一度話してもらう。途中で確認や質問をしながら進める。整理してみると，わかりやすくなったが，行動の羅列で，気持ちのようなことが1つも話されていない。毎回このように，話を整理し，ホワイトボードにまとめながら聞くようにしたら，「ゆっくり話す」「気持ちを付け加える」ことが自分からできるようになった。

> 家庭からは，学校の話をすることが増えてきたり，学校からも，発表をするようになったりとよい変化の連絡をいただくようになった。

❸ワーキングメモリの向上

私が言う「ことばや数字」を聞いてプリントに書く活動を行う。ゆっくりと言えば正しく書くことができるが，次のことばとの間隔を少し短くすると，「わからない」と言ってすねる。5～6回続けると，だいぶ速く書くことができるようになってくる。

「きくきくドリル」に移行する。CDから聞いて答える教材である。文章の復唱，文章の間違い探し，物の名前を覚えてから質問に答えるなどいろいろなパターンの問題がある。初級編から1回の指導に1つの課題を行う。次回もその課題を続ける。CDからの言葉を聞き取れるので，楽しそうに取り組む。間違いもよくあるが，集中力が高い時のBくんは，すごい聞き取りの力がある。しかし，語いが少なく理解できない言葉や言い間違いの言葉も多

く見られた。また,「桃太郎や赤ずきんちゃん」などの話や「月見だんごや年越しそば」などの日本文化をほとんど知らないことがわかった。母親に,絵本の読み聞かせやお月見,七夕など伝承文化に触れる機会をお願いし,快諾を得ることができる。

> 保護者から,妹といっしょに絵本の読み聞かせをするようにしたら,Bのほうがうれしそうだと話があった。担任からは,授業中に出歩くことがほとんどなく,話を聞いているので喜んでいるという報告があった。

❹論理的思考や判断力の強化,思考の柔軟性

「論理脳ドリル」では,ヒントの文章を読んで書かれている言葉は枠に書くことができるが,残りをヒントの中から想像,推測することができず,固まってしまう。「書いてないのでわからない」と言う。「ABC」という3つの物があって「BC」を見つければ,残りは「A」であるということが文章だけでは理解できないので,絵にして説明をすると,「なるほど」と喜ぶ。初めは,絵で説明するヒントを出すことで理解したが,次第に自分で考えてすべての枠をうめられるようになった。

「こんなとき どうする?」では,子どもの状況判断力の向上をめざしている。いろいろな場面設定をし,その時にどうしたらいいか考える。「悪口を言われたらどうしますか?」「ぶんなぐってやる。ぼこぼこにしてやる」などと攻撃的な発言が目立った。今までに怒った話をし始める。毎回場面設定を変えて,よい対応だったらほめて,改善したい対応だったら話をして考え方を修正し,よりよい対応方法を教えた。夏休み前ぐらいになると,対応の仕方がよりよいものに変わっていった。私が修正し,対応方法を教えなくても自分から理由も含めて説明できるようになった。

既製のプリントだけでなく,学校や家庭でのトラブルや困ったことも話題にし,話をし文章にしていっしょに考えることができるようになってきた。

教師の指示に従い，素直に活動することが増えてきた。友だちとのトラブルが激減し，ほとんどなくなった。「まあ，いいか」と言って引き下がることがあり，勝負にこだわることが減った。

家庭では，学校の話をするようになり，友だちの名前がよくでてきて学校を楽しんでいると感じられる。母親から「実は家庭でもいろいろと困っていることがあったが，言えなかった。今は，とてもよい生活になり感謝している」と話があった。

WISC－Ⅳの変化

検査学年月	全検査	言語理解	知覚推理	ワーキングメモリ	処理速度
2年　5月	91	78	97	72	102
3年　2月	105	91	100	85	110

5．2年間の指導後，退級したBくんの様子

毎日，友だちと外で遊んでいる。休み時間が終わると，顔を真っ赤にして教室に戻ってくる姿が学校生活の充実を表している。授業では，特に話し合い活動で，周りの話を聞くようになったことが大きな変化である。まだ，友だちとのトラブルや暴言は残るが，物事への折り合いのつけ方は理解できるようになった。

本を読まない？読めない？Cさん

何事にもとても真面目でいっしょうけんめいに取り組むのですが，ひらがなやカタカナなどをスムーズに読んだり書いたりすることができず，学習全体に影響がでているなどの問題が起きており，通級指導教室の課題としました。

1. Cさんの実態〈6年生〉

家庭での様子

- 宿題はやろうとしない。低学年の時は，保護者が横についてあげればやろうとしたが，3年生ぐらいからは言うと大声を出す。
- 普段は温厚で優しい。
- 家の手伝いをする。
- 友だちとよく遊ぶ。

学校での様子

- 授業中は静かに座っているが，ノートはほとんど書かない。書こうとすることもあるが，何を書いていいのかわからない。
- 本読みはたどたどしくて，文章問題の意味がわからない。
- 単元のテストは，20点ぐらいが多い。特に漢字は，ほとんど書けない。
- 休み時間は，友だちと話したり遊んだりすることが多く，対人関係はほとんど問題はない。

2. 通級指導教室の指導始めの様子・見立て

- 話をすることにはあまり問題はない。
- 図形の重なりを書くことができない。

- 体の動かし方や手先の動きはよい。
- 眼球の動きがぎこちない。
- 聞く力が弱く,聞き返すことがよくある。
- ひらがなやカタカナの読みが不十分である

3.見立てから指導計画・内容

目の動きが悪い,見る力が弱い

❶目のトレーニング,見る力を向上
- 「ゆらゆらボール」で眼球移動と空間認知の力をつける。
- 「図形写し・点つなぎ」などのプリントを行い,見る力をつける。
- 「くみかえパズル」「立体パズル」などを行い,形の組み合わせを理解する。
- 「数字レース」などの細かい作業をやり続け,注意集中力を高める。

ひらがな,カタカナ,漢字の読み書きが不十分

❷文字の定着
- ひらがなやカタカナ表を見て写したり,絵を見て単語を書く。
- つなぎ文(単語がつながって書いてある文)にスラッシュを引きながら読む。
- マルチパワー漢字カードを使って,漢字の習得をする。
- 絵本の読み聞かせをする。

聞く力や覚える力が弱い

❸**聞き取る力を高める，ワーキングメモリの強化**
- 「ことば・数字聞き取り」を行い，短期記憶力を高める。
- 「きくきくドリル」を行い，話の内容を聞き取ることや聞いて答えを考える。

学習内容が理解できない

❹**本の読み方の工夫，文章問題の理解**
- 低学年の教科書を読む。
- 教科書に文節ごとにスラッシュを入れたり，厚紙を行に合わせたりしながら本を読む。
- 読めない漢字にふりがなをふる。
- 下の学年の文章問題から順番に解いていく。

4. 指導の様子とCさんの変容

❶**目のトレーニング，見る力の向上**

　目の前でピンポン球を動かしても，眼球が動かない。じっと前を向いているだけ。眼球の動かし方の見本を見せると，ぎこちなく動かす。ピンポン球のトレーニングだけでなく，キャッチボールやフリスビーなど物を投げたり捕ったりする活動や，「ぐるぐるダーツ」のような教具で眼球の動きを高める指導を行った。その結果，眼球がかなりスムーズに動くようになった。

　図形写しや点つなぎでは，初めに場所を赤色で印をつけるようなヒントが必要であったが，繰り返すことにより図形の重なりがわかるようになったり，数字を見つけたりができるようになった。すると，苦戦していた「くみかえ

パズルや立体パズル」もできるようになってきた。できるようになって自信かつき，活動に対して集中する時間が長くなってきた。

> 友だちとの関わりに変化がでてきた。それまで大きなトラブルには至らなかったが，たびたび言い合いになることもあったようだ。時々自分の意見を頑として貫くので，周りがCさんに合わせることでトラブルにならないようにしてきた。それが，自分の意見を取り下げて，周りに合わせるCさんが見られるようになったそうだ。

❷ひらがな，カタカナ，漢字の習得

ひらがなやカタカナは，すぐにでてこない文字と拗音や促音を中心に練習した。また，それと同時に「ひらがなやカタカナのつなぎ文」の練習をする。声に出して読みながら，単語ごとにスラッシュを引いていく活動である。

すぐにはできないが，いっしょに声を出しながらやっていき，今ではかなり早く，単語に区切れるようになった。漢字は，特に苦手としていた。「漢字は嫌い」と言い切る。マルチパワー漢字カードは，鉛筆で書かないで，指で書くことや口で言いながら書くことを伝えたら気持ちが楽になったようで，練習に励むようになった。初めは1年生の漢字だったので，回数を重ねればどんどん漢字を覚えていくことができた。3年生の漢字からは，なかなか覚えられなくて苦労しているが，漢字の練習はがんばっている。

> ノートやワークシートなどをひらがなだけで書いていたCさんが，覚えた漢字を使って文章を書くようになったのは，マルチパワー漢字カードの練習を始めてしばらくした時のことである。担任の先生から，漢字を書くようになったことだけでなく，文章を書くことへの抵抗感がなくなったようだと報告を受けた。

❸聞き取る力，ワーキングメモリの強化

　検査の数値が標準範囲であったとしても，生活の中での会話，コミュニケーションがうまくできないならば，指導をする。「きくきくドリル」を行う。簡単な聞き取りは問題なかったが，質問内容が長かったり，思考を要する質問だったりすると困った顔をして「わからない」と言う。聞き取りがうまくできなくても低学年まではなんとかなったが，中学年になり授業についていくことが，大変になってきている。「きくきくドリル」や数字や言葉の聞き取りなど「聞く」「覚える」「答える」の指導を繰り返す。だんだん聞き取りが上手になってきた。聞き取る力がなかったのか，集中して聞き取り方がわからなかったのか。

> 授業への集中力が高まり，手を挙げて発表することが増えてきたことや，グループでの話し合いではとても表情がよいと報告を受けた。学校のことを家でも，楽しそうに話をするようになった。

❹音読ができる，文章問題の理解

　国語の教科書の文章にスラッシュと漢字にふりがなを書いて，音読をゆっくりさせたら，なんとなく読むことができるようになった。そこで，担任と保護者に協力を依頼した。「国語だけでなく，すべての教科書にスラッシュとふりがなを書いてほしい」と。Cさんも，スラッシュとふりがながあると音読ができそうだと言う。今まで家では全く本読みをしなかったのが，たどたどしくも毎日読むようになったと保護者から話があった。だんだんスラッシュの数を減らして読むことができるようになってきている。

　文章問題は，2～3年生の文章問題から練習する。まず文章を読むことから始める。スラッシュやふりがなを書いてあげれば，なんとか自分で読むことができるので，問題がわかるようになってくる。まずは，言葉で答えさせ，その後，プリントに書かせるようにした。3年生ぐらいの文章問題は，自分で読んで答えを出すことができるようになった。

本読みへの抵抗感が軽減し，音読を繰り返すことによりさらに読み方が上手になってきている。文章の読みが上達することにより，文章問題の理解がよくなってきた。さらに，算数や社会などの教科書も読むことで理解がよくなったそうである。まだ，漢字の読み書きは，学年相当は無理であるが，前向きに学習に取り組む姿勢は，学校でも家庭でもよくみられるようになったそうだ。

WISC－Ⅳの変化

検査学年月	全検査	言語理解	知覚推理	ワーキングメモリ	処理速度
3年 11月	79	78	69	82	79
5年 2月	90	89	87	90	92

5．2年間の指導後，退級したＣさんの様子

　毎日の宿題を自分から取りかかるようになり，わからない，読めない時は穏やかに尋ねるようになったそうだ。学習内容の定着が図られるようになり，少しずつではあるが，点数が上がってきている。卒業に向けて，学級の友だちと頑張っていると，担任からの報告を受けた。

自己表現ができない　じっとしているDさん

教室で静かにしているので問題はないが、話もしない。家でも一人遊びに没頭しているので、自分の思いを表現できないという問題が起きており、通級指導室の課題としました。

1. Dさんの実態〈5年生〉

家庭での様子

- 宿題はやろうとはするが、半分ぐらいで固まってしまい終わることができない。
- 家族ででかけることはあまり好まない。
- 家の手伝いは、言えばやってくれる。
- 家では、車や電車などで一人遊びをしたり、絵を描いたりして過ごすことが多い。

学校での様子

- 授業中は一言もしゃべらず、じっと座っている。指名しても固まってしまい話すことができない。
- 黒板は、丁寧に書き写すことができる。
- 単元のテストは、60点ぐらいが多い。得意や苦手な教科はない。
- 休み時間は、一人で本を読んでいることが多く、周りの子どもと遊ぶことはほとんどない。

2. 通級指導教室の指導始めの様子・見立て

- 「名前は？」「何を書く？」などの質問には、小さな声で答える。

- 「ユニジャンプやぶら下がり」などの体の動かし方がぎこちない。
- 出席カードの表紙の絵を描こうとしない。
- 図形写しや点つなぎのプリントは黙ってやる。
- 言葉聞き取りや数字聞き取りはゆっくり言えば書くことができる。
- パズルはなかなかできないが，途中であきらめることはせず，ずっとやり通す。

3．見立てから指導計画・内容

気持ちを表すことができない

❶話すこと，書き表すこと
- 「お話タイム」でゆっくり話す時間を確保する。
- 「アンゲーム」や「サイコロジーゲーム」で質問に答える。
- 「ソーシャルスキルワーク」で話をしながら進める。

身体感覚の弱さ，持久力・我慢の少なさ

❷体幹や身体感覚の向上，持久力，我慢の強化
- 「ユニジャンプ」「感覚ボール」を行うことで，体幹や身体感覚を高める。
- 「ユニジャンプ」や「ぶら下がり器」を行うことで，持久力や我慢の強化をする。

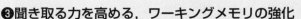
聞く力や覚える力が弱い

❸聞き取る力を高める，ワーキングメモリの強化
- 「きくきくドリル」を行い，話の内容を聞き取ることや聞いて答えを考える。
- 「ことば・数字聞き取り」を行い，短期記憶力を高める。
- 「なぞなぞ」や「れんそうかるた」をやって，ワーキングメモリを高める。

状況や表情を読み取ることが苦手

❹状況判断力，気持ちの読み取り
- 「こんなとき　どうする？」で，どのような行動をとればよいか知る。
- 「アンゲーム」や「サイコロジーゲーム」をして，自分の気持ちや考えを周りに伝える。

4. 指導の様子とＤさんの変容

❶話すこと，書き写すこと

　自分から話をすることがほとんどないので，質問形式で話をすることにした。「学校か家かどちらの話をする？」「学校」，「勉強か休み時間かどちらにする？」「勉強」，「何の勉強にする？」「図工」，「図工で何を描いたの？」「花」，「上手に描けた？」「うん」。こんな会話の後に私はホワイトボードに「私は　きのう　図工で　花の絵を　かきました。じょうずに　かけて　うれしかったです」とまとめて書く。これを見てＤさんは，原稿用紙を半分にした用紙に書き写す。これを毎回続けるうちに自分から話をするようになってきた。そんなに長くは話さないが，自分の気持ちも聞けば答えるようにな

った。

> 家で学校の話を少しするようになってきたことが一番うれしいと母親が話をしてくれた。学校からも担任が質問すれば答えてくれるので，困っていることがわかるようになり，支援ができるようになった。

❷身体感覚の向上，持久力，忍耐力の強化

運動があまり好きではないということで，身体感覚を調べてみた。「ユニジャンプ」はなんとか乗れたが，跳び続けることはできず，すぐに止まってしまう。「ぶら下がり器」は20秒ぐらいで手を離してしまい，我慢ができない。毎回5分程度体を動かすトレーニングを取り入れることにした。Dさんはあまり乗り気ではなかったが，私の「やるよ」で決めた。少しずつではあるが，「ユニジャンプ」や「ぶら下がり器」ができるようになり，Dさん自身もがんばれるようになった。1年後には，BGMに合わせて「ユニジャンプ」を跳んだり，「ぶら下がり器」は1分間ぶら下がり続けられるようになった。

> 学校でも家でも表情が豊かになって「体を動かす」を具体的な例で教えてもらうと，学校では休み時間に外にでるようになった。いっしょに遊ぶまではまだいかないが，運動場にでて歩いているそうだ。家では，誘えば公園とか買い物に出かけるようになった。

❸聞き取る力，ワーキングメモリの強化

普通に話を聞き取って動いているように見えたので，聞き取る力は問題ないと周りは思っていたようだ。しかし，実際に「数字・ことば聞き取り」「きくきくドリル」をやると，検査の数値ほど聞き取りはよくなかった。さらに，言葉を記憶して質問に答える課題は，4つの言葉を記憶するだけでも苦労していた。担任の先生からも，覚えていないかなと思うことがよくある

と伺ったことがあった。CDから流れてくる言葉を聞き取りにくいようなので，問題を私が読むことにした。生声のほうが聞き取りがよいことがわかる。それからは，CDと生声を交互に行うことで，どちらでも課題をこなせるようになった。「れんそうかるた」では，3つの条件を覚えていなければいけないので，初めは何もできず，じっとしていることが多かったが，だんだん「覚え方」がわかるようになったみたいで，間違わないでかるたを取ることができるようになってきている。

> グループでの話し合い活動で，今まで何も話さなかったDさんが少しだけ話をするようになり，クラスの子どもたちも喜んでいると聞いた。

❹状況判断力，気持ちの読み取り力向上

　Dさんと接しているうちにただ静かな子どもだけでなく，何をしていいのかわからなくて困ってる子どもとして見えてきた。「こんなとき　どうする？」では状況での判断があやふやな所が多くあった。こういう時は，こんな言葉，行動だということを教えていくことにした。

　「アンゲーム」や「サイコロジーゲーム」では，初めのうちは，どのようなことを話せばよいか，見当もつかない様子であった。普段から話をたくさんしているわけではないので，「カード」に書かれた質問は，簡単な内容でも考えてしまう。特に気持ちを問われると困る。私が2択や3択を言ってあげると，答えることができた。

　この方法を担任や保護者にも伝え，Dさんの思いをいろいろな場面で表出させるように心がけることで，Dさんの様子に変化が見え始めた。「アンゲーム」で，自分から答えるようになり，「先生の好きな食べ物は何ですか？」と自分から質問をすることができた。

> 国語や算数などで簡単な質問には，小さな声で話すようになり，クラスの子どもたちは，Ｄさんが話すのを静かに待つようになった。Ｄさんは話した後恥ずかしそうにするが，満足感のある笑顔も見られるようになった。担任からその話を母親が聞き，家族みんなが喜んでる。

WISC－Ⅳの変化

検査学年月	全検査	言語理解	知覚推理	ワーキングメモリ	処理速度
2年　12月	76	72	84	74	80
4年　12月	85	80	88	83	89

5．2年間の指導後，退級したＤさんの様子

　まだまだ自分から話をすることは少ないが，学校へ行くことが楽しそうに感じられると，母親から電話をいただいた。その母親の声は2年前の苦しい声とは違い，明るく前向きであった。

　Ｄさんは5年生になり，低学年の子どもたちの面倒を見るようになったり明るく話をするようになったりしていると担任から報告を受けた。

コラム

アンケート

　通級指導教室の指導がどうだったか，気になりますよね。自分では，頑張っているつもりでも，不安が残ります。そこで私は，「子ども」「保護者」「担任」から年度末にアンケートをとっています。

　右のような簡単な内容です。子どもには年度末最終指導日に，保護者と担任には事前に渡して，記入してもらいます。「子ども用」と「保護者・担任用」に分けて作成すると，記入しやすいです。

　また，子どもには，もう一つ作文用紙半分の振り返り文も書いてもらいます。自分の成長が実感できる子どもは，生活の中でも安定してきています。

　記入してもらったアンケートを集計し，1年の指導の反省とします。子どもによっていろいろですが，比較的よい回答が多いと指導に自信がつきます。自由記入の内容は，次年度の取り組みへのヒントにもなります。

　少し怖いかもしれませんが，「アンケート」をとり，自分の指導に生かしてみてはいかがでしょうか。

通級指導教室のアンケート

名前（　　　　　　　　）

5 とてもそう思う　4 そう思う　3 ふつう　2 そう思わない
1 まったく思わない

1　通級指導教室で楽しく勉強することができましたか。
　　　5　　　4　　　3　　　2　　　1

2　通級指導教室に通って自分の力（子どもの力）が伸びましたか。
　　　5　　　4　　　3　　　2　　　1

3　通級指導教室のことを家族や学校で話しましたか。
　　　5　　　4　　　3　　　2　　　1

4　通級指導教室に通ってよかったですか。
　　　5　　　4　　　3　　　2　　　1

5　通級指導教室や学級と連携をとることができましたか。
　　（保護者と担任が回答）
　　　5　　　4　　　3　　　2　　　1

6　自分の力が（子どもの力が）伸びたなあと思うことは何ですか。

7　その他（今後の心配，他の困り感など）（保護者と担任が回答）

おわりに

　発達障害を対象にした通級指導教室の指導は，まだ歴史が浅いので指導内容，指導方法が広まっていないのが現状です。ですから，全国で実践している先生方が，もっと伝え合える場があるといいなと思います。本書が，その一端を担うことができたら幸いです。

　本書の出版にあたり，通級指導教室の指導に協力してくれた大井川南小学校学齢ことばの教室の増田汐美さん，幼児ことばの教室の蒔田賀津美さんには，感謝いたします。また，本書の執筆のきっかけとなった博報賞への推薦をしていただいた静岡大学の大塚玲先生をはじめ，私の指導をささえてくれた多くの方々に，お礼を申し上げます。

　最後に明治図書編集部の佐藤智恵さんには，執筆の声をかけていただき，その後出版までいろいろとお世話になり，ありがとうございました。

　これからも発達障害の子どものために，毎日勉強し指導方法をさらに改善していきたいと思います。自分自身が努力していれば，自信を持って子どもの前に立つことができます。

　すべての子どもたちが　笑顔になれますように

大井川河口の小学校にて
夏目　徹也

【著者紹介】
夏目　徹也（なつめ　てつや）
静岡県焼津市立大井川南小学校発達障害通級指導教室担当
特別支援教育士，学校心理士，自閉症スペクトラム支援士
上級教育カウンセラー，ガイダンスカウンセラー，保育士
公立小学校通常の学級で教育生活をスタートし，特別支援学校（肢体・知的），特別支援学級（自閉症・知的）と多様な学校・学級で勤務し，現在に至る。
地域での特別支援教育普及のための自主学習会や各種研修会での講師等が評価され，2015年「博報賞」を受賞した。
[分担執筆]
『「特別支援教育」100問100答』（教育開発研究所）
『発達障害のある子どもの国語の指導』（教育出版）
『全国の特色のある30校の実践事例集「通級による指導」編』（ジアース教育新社）

特別支援教育サポートBOOKS

［小学校］通級指導教室
発達障害のある子を伸ばす！指導アイデア
――一人一人の感覚のバランスに着目したトレーニング――

2017年2月初版第1刷刊 2019年7月初版第3刷刊	©著　者　夏　目　徹　也 発行者　藤　原　光　政 発行所　明治図書出版株式会社 http://www.meijitosho.co.jp （企画）佐藤智恵（校正）(有)七七舎 〒114-0023　東京都北区滝野川7-46-1 振替00160-5-151318　電話03(5907)6703 ご注文窓口　電話03(5907)6668

＊検印省略　　　　　組版所　株式会社　カシヨ

本書の無断コピーは，著作権・出版権にふれます。ご注意ください。

Printed in Japan　　　　　　ISBN978-4-18-216215-2
もれなくクーポンがもらえる！読者アンケートはこちらから→